> 2022 개정 수학 교과를 대비하는
> 스토리텔링 수학 교과서!

아기 염소는 경우의 수로 늑대를 이겼어

초등 1·2학년 수학동화 시리즈 ❼
아기 염소는 경우의 수로 늑대를 이겼어(개정판)

4판 1쇄 발행 2024년 2월 15일

글쓴이   고자현
그린이   황화석
수학놀이 한지연

펴낸이   이경민
펴낸곳   ㈜동아엠앤비
출판등록 2014년 3월 28일(제25100-2014-000025호)
주소   (03972) 서울특별시 마포구 월드컵북로 22길 21, 2층
전화   (편집) 02-392-6901 (마케팅) 02-392-6900
팩스   02-392-6902
전자우편 damnb0401@naver.com
SNS

© 고자현, 황화석

ISBN 979-11-6363-754-7 (74410)
     979-11-6363-749-3 (세트)

※ 책 가격은 뒤표지에 있습니다.
※ 잘못된 책은 구입한 곳에서 바꿔 드립니다.

 도서출판 뭉치는 ㈜동아엠앤비의 어린이 출판 브랜드로, 아이들의 지식을 단단하게 만들어 주고,
아이들의 창의력과 사고력을 키워 주어 우리 자녀들이 융합형 창의 사고 뭉치로
성장할 수 있도록 좋은 책을 만들겠습니다.

추천사

　수학이 재미있는 이야기로 꾸며진다면 어떨까요? 매일 동화책을 읽듯이 수학 공부를 하면 참 재미있을 거예요.

　사람들은 대부분 '수학' 하면 더하기, 빼기, 곱하기 같은 계산을 떠올리지만, 사실 수학은 우리들의 일상생활 속에서 시작되었어요. 아주 오랜 옛날부터 사람들은 물건을 세거나 계산해야 할 일이 생겨났거든요. 또 내가 기르는 양이 몇 마리인지, 수확한 사과가 몇 개인지 알아보려면 수가 필요했지요. 이렇게 해서 생겨난 것이 수학이랍니다.

　수학은 사람들의 호기심에서 시작되었기 때문에 수학에는 많은 이야기가 숨어 있어요. 사실 수학을 빼고 나면 "떡 하나 주면 안 잡아 먹지!"라고 하는 『해님 달님』 동화도 읽을 수 없고, "십 리도 못 가서 발병 난다."고 하는 '아리랑' 노래도 부를 수 없어요. 피라미드의 높이를 잰 것도, 지구의 둘레를 잴 수 있었던 것도 바로 수학이 있었기 때문이지요. 이야기 속에 어떤 수학이 숨어 있는지 찾아보는 것도 즐거운 수학 공부가 될 수 있어요.

이야기를 통해 수학을 배우면 배운 내용을 쉽게 그리고 오래 기억할 수 있어요. 지금보다 여러분이 더 어렸을 적 엄마 아빠가 들려준 이야기처럼 말이지요. 이 책을 읽다 보면 가끔은 이해가 되지 않는 부분도 있을 거예요. 하지만 걱정하지 말고 그냥 지나쳐도 괜찮아요. 아직은 배우지 않았지만 곧 학교에서 배우게 될 거니까요. 그때 지금 읽었던 이야기가 여러분 머릿속에 번쩍하며 떠오를 겁니다.

애완견 '와리'와 '이야기 속 주인공'들이 함께하는 재미있는 수학 탐험으로 여러분을 초대합니다.

그동안 수학이 더하기, 빼기 같은 계산만 있다고 생각하였다면, 이젠 이야기 속 주인공들과 함께 수학이 어디에 쓰이는지, 수학이 왜 필요한지 이야기를 통해 자연스럽게 알게 될 거예요. 이 책을 읽는 어린이 여러분은 '혹부리 영감, 도깨비 방망이'와 동화 속 이야기가 그러하듯이 수학동화 시리즈 속의 이야기를 통해 자유롭게 상상하고 맘껏 즐기길 바랍니다. 수학은 여러분이 생각하는 것보다 훨씬 재미있고 흥미진진합니다. 그러다 보면 어느새 수학은 재미없는 계산 문제가 아니라 호기심 가득한 신 나는 '장난감'이 될 거예요.

서울노일초등학교 교사 김남준
(초등학교 1~2학년군 수학① 집필진, 전국수학교사모임 초등국 국장)

작가의 말

이상한 학교는 동화 속 친구들이 다니는 학교예요. 이 학교에서 와리는 동화책 속에서나 볼 수 있는 친구들을 직접 만나 어울리고, 그 아이들의 고민을 함께 해결해 나가면서 이상한 학교의 인기 짱이 됩니다. 수학 짱이 되는 건 덤이고요.

와리는 이번에 신데렐라의 언니들을 만나게 되었어요. 동화 속에서 보았을 때에는 신데렐라를 괴롭히는 심술궂은 언니들로만 생각했어요. 그런데 막상 만나 보니 남들보다 조금 더 솔직하고 무뚝뚝한 성향 때문에 못되게 보였을 뿐, 우리처럼 친구들과 잘 지내고 싶어 하고 좋아하는 남자아이에게는 수줍어하는 평범한 친구들이었어요.

생김새가 달라 왕따를 당했던 미운 오리 새끼는 왕따를 당했으면 복수하고 싶었을 텐데 고향으로 돌아와 어려운 형들을 돕고 싶어 하는 착한 마음씨를 가졌답니다. 또한 늑대에게 잡힌 동생들을 구하러 나선 아기 염소는 작고 연약하지만 동생들을 위해서는 위험을 두려워하지 않는 씩씩한 친구였어요.

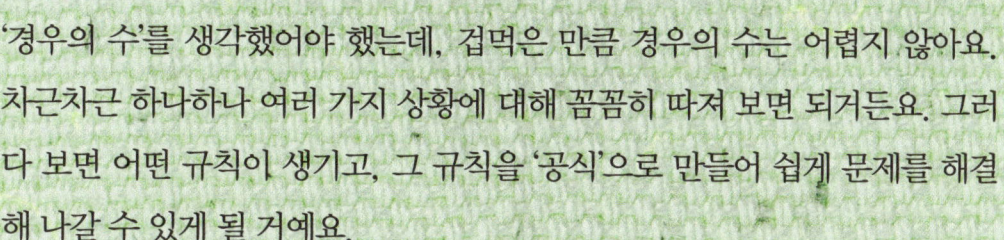

　와리가 만난 이번 친구들은 저마다 형제 혹은 자매들을 위하는 마음이 있는 착한 아이들이었어요. 아이들은 형제와 자매들을 위해 어떻게 하면 좋을까, 고민했어요. 모두가 '경우의 수'를 생각했어야 했는데, 겁먹은 만큼 경우의 수는 어렵지 않아요. 차근차근 하나하나 여러 가지 상황에 대해 꼼꼼히 따져 보면 되거든요. 그러다 보면 어떤 규칙이 생기고, 그 규칙을 '공식'으로 만들어 쉽게 문제를 해결해 나갈 수 있게 될 거예요.

　가위바위보, 주사위 놀이, 카드 게임 등등 유독 '운이 좋아서' 매번 이기는 아이들이 있죠? 하지만 그 아이들은 운이 좋기만 한 것이 아니라, 여러 가지 경우의 수를 따져 보아서 상대편을 예상하는 경우가 많아요. 『아기 염소는 경우의 수로 늑대를 이겼어』에서 와리의 활약상을 함께 쫓아가다 보면, 여러분들도 '운이 좋아서' 게임을 이기는 아이가 될 거예요.

　쉿! 와리와 함께 떠난 '경우의 수' 여행은 친한 친구들에게만 알려 주세요!

어린이책 작가 고자현

엄마를 위한 새 수학 교과서 소개

예전의 수학 교과서는 공식과 문제 풀이 위주의 딱딱한 내용들로 가득 차 있었습니다. 하지만 아이들이 이렇게 수학을 공부하면 금세 흥미를 잃고 배운 내용도 잊어버리고 말지요. 그래서 2012년 1월, 교육과학기술부에서는 수학 교과서의 구성을 스토리텔링으로 바꾸겠다고 발표했습니다.

스토리텔링 수학은 수학 내용과 관련 있는 소재와 상황 등을 동화로 꾸며 쉽고 재미있게 배우는 수학 학습법입니다. 또한 2015 개정 교육과정이 적용된 수학 교과서는 형식은 스토리텔링 수학을, 내용에서는 실생활 연계 통합교과형(STEAM) 수학을 보여주었습니다. 또한 학습 내용을 기존 교과서보다 20%나 줄이고 쉽게 조정하는 대신 다양한 교구를 활용한 활동을 늘렸습니다. 수학을 놀이처럼 즐기면서 자연스럽게 수학 학습을 할 수 있도록 하였습니다.

한편 2022 개정 교육과정에서 초중등 수학의 목표는 '초등과 중등의 연계성 강화'입니다. 이를 위해 교과 영역을 통합하고 과정을 간소화합니다. 즉 크게 수와 연산, 변화와 관계, 도형과 측정, 자료와 가능성 등 4개 영역으로 통합하였습니다.

그렇지만 여전히 단원 시작은 스토리텔링을 통

해 학생들의 호기심과 흥미를 유발합니다. 또한 수학 교과서가 검정으로 바뀐 뒤 학교마다 다른 교과서를 사용하지만 학년별로 알아야 할 수학 성취 기준 내용은 공통입니다.

〈초등 1·2학년 수학동화〉 시리즈는 이러한 수학 교육의 변화에 맞춘 학습 동화입니다. 아이들에게 익숙한 명작 동화와 전래 동화 이야기로 학습 내용을 구성하여 자연스럽게 수학 지식을 익히도록 하였습니다. 책 속 부록인 〈개념이 쏙쏙 들어오는 엄마표 수학 놀이〉는 교과서에 첨가된 체험 및 놀이 영역을 반영하여 가정에서 부모님이 아이들과 함께 재미있는 놀이로 책을 통해 배운 내용을 복습할 수 있게 구성되어 있습니다.

전래 동화와 명작 동화 속 주인공들이 펼치는 신 나는 모험 이야기를 따라가다 보면 아이들은 어느새 새로운 수학 개념과 문제 해결 방법을 깨닫게 되는 경험을 하게 될 것입니다.

편집부

명작동화도 함께 읽어 보세요

『신데렐라』는 유럽에서 전해 오던 이야기로, 프랑스의 동화작가 샤를 페로가 1697년에 처음 기록으로 남겼어요. 신데렐라는 '재를 뒤집어 쓰다'라는 뜻이에요. 새엄마와 언니들의 구박 때문에 항상 힘든 집안일을 해야 했거든요. 어느 날 왕궁에서 무도회가 열렸는데, 요정이 마법을 부려 신데렐라도 갈 수 있게 도와주었어요. 단, 12시가 되면 마법이 풀린다고 했죠. 무도회에서 왕자님은 신데렐라에게 첫눈에 반했어요. 12시가 되어 급히 돌아가던 신데렐라는 유리 구두 한 짝을 잃어버렸어요. 왕자님은 남은 유리 구두 한 짝으로 신데렐라를 찾아내, 사랑을 이룰 수 있을까요?

『미운 오리 새끼』는 덴마크의 동화 작가이자 소설가인 한스 크리스티안 안데르센의 작품이에요. 미운 오리 새끼는 여러 오리들 사이에서 유난히 크고 보기 싫게 태어났어요. 다른 오리들에게 구박을 받고 농가를 뛰쳐나와, 한 할머니 집으로 들어가 살게 되었어요. 하지만 그 집에서도 고양이와 닭이 못살게 구는 바람에 다시 거리로 나와 방황하게 되지요. 얼음으로 뒤덮인 연못가에서 고생스러운 겨울을 보내고 따뜻한 봄이 오자, 연못에 백조들이 찾아와요. 미운 오리 새끼는 백조의 멋진 모습을 보고 부러워하는 사이에 저도 모르게 공중을 날아올라요. 사실 미운 오리 새끼는 멋진 백조였던 거예요.

『늑대와 일곱 마리 아기 염소』는 우리에게 잘 알려진 그림 형제의 동화예요. 그림 형제는 사람들의 입에서 입으로 전해 내려오는 이야기들을 모아 책으로 묶어 냈지요. 엄마 염소는 먹을 것을 구하러 숲에 가면서 아기 염소들에게 늑대를 조심하라고 했어요. 아니나 다를까 늑대가 나타나 엄마라며 문을 열라고 했어요. 다행히 아기 염소들은 목소리가 거칠어 엄마가 아니라고 했어요. 늑대가 목소리를 부드럽게 만들고 오자, 이번에는 앞발을 보여 달라고 했어요. 늑대는 앞발에 밀가루를 발라 아기 염소들에게 보여 줬죠. 결국 늑대에게 속은 아기 염소들이 문을 열어 주자, 늑대는 아기 염소들을 모두 꿀꺽 삼켜 버리죠. 시계 안에 숨은 아기 염소 한 마리만 빼고요. 살아남은 아기 염소는 숲에서 돌아온 엄마에게 이 사실을 알려요. 엄마 염소는 무사히 아이들을 찾을 수 있을까요?

이야기 속 친구들을 소개합니다

와리

동화 속 유명한 주인공들만 다니는 이상한 학교에 평범한 강아지인 내가 다닐 수 있을까? 처음에는 걱정도 했지만, 지금은 친구들 모두가 나를 좋아해. 난 어려움에 처한 친구들을 도와주는 걸 좋아하거든. 그런데 엄마는 내가 만날 말썽만 부린다고 생각하시지.

신데렐라의 두 언니

우리는 단지 말투가 좀 쌀쌀맞고 지나치게 솔직한 것뿐이야. 하지만 사람들에게 신데렐라를 괴롭히는 못된 언니들이라고 소문나는 바람에 좋아하는 무도회에도 갈 수가 없어.

신데렐라

언니들을 위해 양보한 일이 오히려 언니들을 못된 사람처럼 보이게 했나 봐. 언니들, 이제 함께 무도회에도 가고 사이좋게 지내자!

미운 오리 새끼

어릴 때에는 형들에게 미운 오리새끼라고 괴롭힘을 당했지만, 사실 난 멋진 백조였어. 이제 멋진 춤으로 나처럼 왕따를 당하는 사람들의 마음을 위로해 주고 싶어.

12마리 오리 형제

어릴 때에는 우리가 너무 철이 없었어. 그런 우리를 용서하고 우리를 위해 집까지 지어 주려고 하다니……. 미운 오리 새끼야, 아니 백조야! 정말 미안했어. 흑흑!

첫째 아기 염소

집에 동생들만 여섯이라 항상 형이 있었으면 했는데, 와리가 형이 되어 준다고 해서 정말 기뻤어. 게다가 우리 형제들이 어려움에 처했을 때 멋지게 해결해 주기까지! 와리 형! 정말 고마워!

둘째 아기 염소

시계 속에 갇혀 있을 때에는 정말 무서웠어. 그래도 난 듬직한 둘째니까 다섯째 동생은 내가 꼭 지켜 내겠어!

셋째 아기 염소

난 씩씩한 셋째 염소야! 늑대가 무섭긴 하지만 우리는 용감한 아기 염소 형제들이니까! 꼭 탈출에 성공하겠어!

넷째 아기 염소

난 발이 빠르니까 둘째 형과 막내를 뒤에서 밀어 주며 늑대에게서 탈출해야지! 다들 힘내자!

다섯째 아기 염소

흑, 무서워! 늑대 얼굴을 보는 순간 너무 놀라서 다리가 풀려 버렸어. 으앙! 어쩌지?

늑대

저번에도 아기 염소들을 잡아먹는 데 실패했는데, 이번에는 꼭 성공하고 말 테야!

차례

추천사 • 4

작가의 말 • 6

엄마를 위한 새 수학 교과서 소개 • 8

명작동화 및 등장인물 소개 • 10

이야기 하나

신데렐라와 언니들의 무도회 짝꿍을 정하라! • 18
- 짝을 정하는 방법의 수

이야기 둘

왕따 미운 오리새끼, 형들에게 집을 지어 주다! • 40
- 같은 수로 나눌 수 있는 경우의 수

이야기 셋

시계 속에 갇힌
아기 염소들을 탈출시켜라! · 64

• 일렬로 줄을 서는 방법의 수

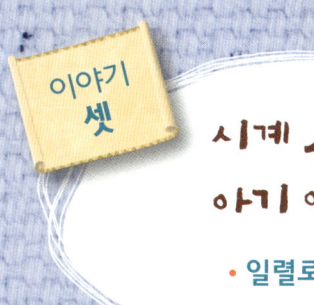

책 속 부록

개념이 쏙쏙 들어오는 엄마표 수학놀이 · 88

홈스쿨링 전문가 중현맘이 추천하는 수학놀이로 개념과 원리를 다져요!

수학놀이1 어떤 길로 심부름 갈까?
수학놀이2 동물 학교 짝 바꾸는 날
수학놀이3 굴러라 굴러 주사위야
수학놀이4 어떻게 줄 서서 소풍을 갈까?
수학놀이5 어떻게 짝지어 줄까?
수학놀이6 특명! 암호를 풀어라

쉿, 이상한 학교는 비밀의 학교다.

이 이상한 학교에는 동화 속 유명한 친구들만이 다닐 수 있는데, 우연히 이 학교에 다니게 된 와리는 그 친구들보다 유명하지 않아서 처음에는 시무룩했다.

하지만 와리는 친구들과 만나는 것을 좋아하고, 호기심이 많으며, 무엇보다 누구든 위험에 처하면 가장 먼저 앞장설 만큼 용감하고 착한 강아지이다. 이제는 친구들이 와리만 찾는다.

와리의 책상에는 오늘도 예쁜 편지들이 가득하다.

"안녕, 나는 엄지공주라고 해. 우리 집에 맛있는 강아지 껌이 아주 많단다. 한번 놀러 와 주겠니? 친하게 지내고 싶어."

"인기쟁이 와리야. 친

구들을 사귀는 특별한 방법을 내게만 살짝 알려 줄래? -말썽쟁이 피노키오로부터."

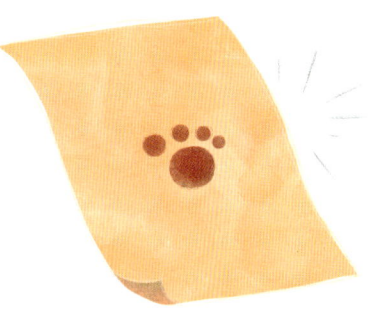

"와리야, 과자의 집에서 네가 좋아하던 초코볼을 몰래 가져왔어. 우리 언제 만날까? 우리는 너의 영원한 친구 헨젤과 그레텔 남매야. 알지?"

의자에 앉아 편지 하나하나를 읽고 있던 와리는, '이런, 이놈의 인기란……' 하면서 그 친구들에게 짤막한 답장을 해 주었다.

사실, 와리는 글을 읽을 줄만 알고 쓸 줄은 모르기 때문에 대부분 발바닥을 이용한 발도장만 꾹 하고 찍는다. 와리는 친구들의 부탁을 거절하지 못하는 다정한 강아지이기 때문에 대부분의 발 도장 꾹!은 "알았어."의 뜻이기도 하다.

그런 와리가 편지들을 읽으면서 발 도장을 꾹 찍다가 잠깐 멈칫했다.

이번 편지는 앞의 편지들과는 다르게 와리에게 다정한 내용이 아니었다. 편지 속 주인공은 와리에게 화가 잔뜩 난 것 같았다.

"자기가 귀여운 줄 착각하는 강아지 와리! 너에게 할 말이 있으니 학교 끝나고 교문 앞에서 보자."

편지 봉투에는 '신데렐라'라고 쓰여 있었는데, 자세히 보니 '신데렐라'라는 글자 옆에 '……의 예쁜 두 언니'라고 조그마하게 쓰여 있었다.

'신데렐라의 두 언니? 신데렐라를 괴롭히고 욕심꾸러기라고 소문난 그 자매? 아악! 어떻게 도망가지? 학교 담을 넘어갈까? 아니면……. 아하!'

와리는 순간 떠오르는 생각이 있었다. 와리는 원래 조상 대대로 땅을 잘 파는 강아지 집안이다. 그래서 와리는 자기도 모르게 땅을 파는 습관이 있었다. 그런데 와리는 실내에서 지내는 시간이 많았기 때문에 매일 장판을 발로 벅벅 긁다가 엄마에게 혼나곤 했었다.

'그동안 장판 망가뜨린다고 혼났던 나의 땅굴 파기 실력이 이제야 빛을 보는구나!'

와리는 교문에서 기다리는 신데렐라의 무서운 두 언니들을 피해 학교 뒷담 밑에 땅굴을 만들어 탈출하기로 마음먹었다.

와리는 수업이 끝나자마자 학교 뒷담 밑에서 잽싸게 땅굴을 팠다. 땅은 딱딱하고 자갈도 많았지만, 그동안 엄마에게 혼나 가면서 장판을 망가뜨렸던 것이 이렇게 도움이 되다니……. 와리는 쉬지 않고 두 앞발로 샥샥샥 땅을 팠다.

드디어 담 반대편을 향한 땅굴에 햇빛이 비치기 시작했다.

"탈출 성공!"

흙투성이가 된 와리는 정말 기분이 좋아 "아자!" 하고 외치는 동시에 누군가 와리의 어깨를 툭툭 쳤다. 와리는 흙이 묻은 자신의 몸을 털어 주는 친구라고 생각했다. 고맙다는 말을 하려고 고개를 돌리는 순간 그만 그 자리에서 몸이 굳어 버렸다.

"히익! 너희들은……?"

"와리, 소문대로 잔머리를 많이 굴리는 강아지로구나!"

예쁜 드레스를 입고 나란히 서서 팔짱을 끼고 와리를 노려보는 두 여자아이는 바로, 와리에게 편지를 보냈던 신데렐라의 언니들이었다. 신데렐라의 큰언니와 작은언니는 이미 와리의 탈출 계획을 예상하고 교문의 가장 반대편에서 와리를 기다리고 있었던 것이다.

"우리는 널 해치려는 게 아니야. 우리도 부탁이 있어서 온 거야."

"부, 부탁? 무슨 부탁?"

"우리도 무도회에 데려가 줘. 신데렐라만 데려가지 말고."

왕자님이 여는 무도회는 누구라도 갈 수 있지만, 신데렐라의 언니들은 자기들에 대한 안 좋은 소문 때문에 가지 못한다고 했다. 그 이야기를 들은 와리는 신데렐라의 큰언니와 작은언니가 소문처럼 못된 것만은 아닐 거라고 생각했다.

"좋아. 왕자님은 내게 누구든 데려와도 좋다고 했으니, 나와 함께 무도회에 가자!"

신데렐라의 두 언니들은 기분이 좋아서 와리에게 멋진 턱시도를 선물했다. 와리는 턱시도를 입고, 양쪽 앞발로 신데렐라의 두 언니들과 팔짱을 낀 채로 무도회장에 들어섰다. 미리 와 있던 신데렐라는 처음에는 놀라는 표정이었지만, 이내 환하게 웃으며 와리와 두 언니들을 반겨 주었다.

"이럴 줄 알았으면 언니들이랑

같이 올 걸 그랬네. 왜 얘기 안 했어?"

"저번에 우리끼리 왔었다고 네가 화나서 우리 안 데려온 거 아니야?"

"아냐, 언니들. 언니들이 내가 말 거는 걸 싫어하는 것 같아서……."

"뭐? 우리가 왜?"

언니들의 목소리는 점점 높아졌고, 무도회에 참석한 사람들 모두 신데렐라와 언니들을 쳐다보았다. 당황한 와리는 얼른 언니들을 다독여서 다른 곳으로 데려 왔다.

"와리야, 사실 우리가 이곳에 데려다 달라고 한 이유는……. 네가 말해."

큰언니는 작은언니에게 말을 떠넘겼다.

"아이 참, 언니는 쑥스럽게. 사실은 말이야……."

작은언니가 손가락을 가리키는 곳에는 왕자님과 두 남자가 서 있었다. 운동을 잘 하는 '근육맨'과 춤을 잘 추는 '춤짱이', 그리고 자상해서 인기가 많은 훈남 '왕자님'. 이렇게 세 사람은 서 있는 것만으로도 주변 사람을 기분 좋게 만들었다. 게다가 셋은 절친한 사이였다.

와리는 큰언니에게 말했다.

"가서 말을 걸어 봐."

"안 돼. 신데렐라의 못된 두 언니들이라고 소문이 나서 나쁜 아이로 볼 거야."

소문은 정말 그랬다. 하지만 두 언니들을 오늘 겪어 본 와리의 생각은 달랐다. 신데렐라의 언니들은 말투가 딱딱하고 남들보다 솔직한 편이긴 했지만, 결코 나쁜 의도는 없어 보였다. 그래서 와리는 세 남자에게 가서 신데렐라와 두 언니들과 함께 어울리겠느냐 물어봤고, 세 남자는 흔쾌히 다가왔다.

"예쁜 세 자매, 같이 춤출까요? 짝꿍은 숙녀분들이 정하세요."

왕자님과 근육맨, 춤짱이와 춤을 출 생각에 신데렐라와 두 언니들은 기뻤다.

"그럼 파트너는 어떻게 정할래?"

와리가 세 자매에게 물었다.

"두 언니들이 마음에 드는 사람과 짝을 하면, 나는 나머지 사람과 춤을 출게."

세 남자들은 역시 신데렐라는 착하다며 칭찬했다. 하지만 와리의 생각은 조금 달랐다.
"신데렐라, 네 생각을 솔직하게 이야기해 줘야지. 네가 그렇기 때문에 언니들이 못되게 구는 것처럼 보이는 거라고."

와리는 이 말을 하고나서 '앗, 내가 신데렐라에게 무슨 말을 한 거야.' 하고 놀랐다. 하지만 두 언니들은 눈물을 글썽이면서 자신들의 입장을 헤아려 줘서 고맙다고 했다. 신데렐라 역시 그동안 자신의 생각이 짧았던 것 같다고 말했다.

"각자 누가 더 마음에 들어?"

신데렐라와 두 언니들은 머리를 맞대고 잠시 이야기를 나눴고, 작은언니가 대표로 말했다.

"사실 세 남자 모두 마음에 들어서 결정하기 힘드네."

"그래? 그럼 어떻게 하지……."

와리는 한참을 궁리하다가 시계를 보았다. 무도회가 끝나려면 아직 시간이 많이 남았다.

"그러면 세 자매와 세 남자들이 서로 겹치지 않고 한 번씩 짝을 해 보자. 그러면서 마음에 드는 파트너를 찾아 마지막 춤을 함께하는 거야. 어때?"

"좋아!"

여섯 명의 사람들은 모두 와리의 말에 찬성했다.

"그러면 춤은 각자 세 번씩 돌아가면서 추면 되네. 여자 셋, 남자 셋이니깐."

"그런데 세 자매와 세 남자들이 짝이 되는 방법은 몇 가지나 있는 것이지?"

"그러게……."

두 언니들의 마음을 헤아려 주고, 신데렐라를 꾸짖으며 깨달음을 줘서 현명한 강아지처럼 보이기에는 성공했는데, 좀처럼 짝이 되는 방법이 떠오르지 않아서 와리는 곤란했다. 그러다 와리 자신의 양 옆으로 한 줄로 서 있는 세 자매들과 세 남자들의 모습을 보자 문득 좋은 방법이 떠올랐다.

"차근차근 생각해 보면 어려운 문제가 아닌 것 같아. 우선 맨 앞에 있는 큰언니와 근육맨이 짝이 되어 볼까?"

와리가 큰언니와 근육맨을 기준으로 앞세웠다.

"자, 여기 맨 앞에 서 있는 큰언니가 기준이야. 큰언니가 짝을 만드는 것에 따라서 나머지 사람들이 겹치지 않게 짝을 만들면 될 것 같아."

"음, 어……. 복잡해. 차근차근 설명해 줘."

"일단 맨 앞에 있는 큰언니와

근육맨이 짝이 되고, 그 뒤에 서 있는 사람들은 순서대로 짝을 맞춰 봐."

"좋아. 난 왕자님과 짝이 되니깐, 신데렐라 너는 춤짱이와 짝을 이루면 되겠네."

"맞아 언니."

이렇게 해서 큰언니와 근육맨, 작은언니와 왕자님, 신데렐라와 춤짱이가 서로 짝을 이뤄서 춤을 췄다. 사람들은 세 팀의 춤을 보고서는 잘 춘다고 박수를 보냈다.

음악이 끝나고 무대에서 내려와 와리가 있는 자리로 돌아왔다. 와리는 그들에게 맛있는 케이크와 주스를 나눠 줬다.

"정말 멋진 춤이었어. 어쩜 그렇게 춤을 잘 추는 거야?"

"우리는 동화 속에 사는 사람들이잖아. 동화 속 나라에서는 무도회가 자주 열려서 이런 춤은 별거 아니야."

연주자들은 다음 곡을 연주하기 위해 악기의 소리를 점검하고 있었다.

"아, 다음 곡이 연주되려나 봐. 와리야, 이번에는 어떻게 짝을 정해야 해?"

"아까 말했던 것처럼, 기준은 큰언니야. 큰언니가 이번에는…… 음……. 왕자님과 짝을 해 봐."

왕자님은 큰언니의 손을 잡고 춤을 추러 나갔다. 신데렐라는 이번에는 근육맨과 춤을 추고 싶다고 해서 근육맨은 신데렐라의 손을 잡고 춤을 추러 나갔다. 마지막 남은 춤짱이는 작은언니에게 "저와 함께 춤을 추시겠습니까?" 하면서 정중하게 손을 내밀었고, 작은언니는 우아하게 손을 잡으며 무대로 나갔다.

"춤을 두 번이나 췄더니, 이제는 춤에 자신감이 생겼어. 너희는 어때?"

"나도 그래, 큰언니. 그나저나 작은언니는 춤을 참 잘 추는 것 같아."

"몰랐니? 나 원래 음악을 잘 타고 몸이 유연해서 잘 췄는데. 신데렐라 너와 어울릴 시간이 없어서 몰랐었구나."

"그러게 언니! 앞으로는 언니들과 무도회에 자주 오고 싶어. 언니들도 다른 곳에 놀러 갈 때 나도 꼭 끼워 줘. 알았지?"

"그래. 꼭 그러자."

두 번의 춤을 멋지게 끝내고서 사람들의 박수를 받은 신데렐라와 언니들은 기분이 좋아졌고, 서로를 이해하는 마음도 생기게 되었다. 와리의 눈에 신데렐라와 두 언니들이 무도회에서 즐겁게 춤을 추는 모습이 예쁘게 보였다. 하지만 무엇보다 세 자매의 사이가 좋아진 것 같아서 마음이 뿌듯했다.

"자, 이제 같이 춤을 안 춘 사람들이 몇 명 남았어?"

와리는 세 남자와 세 자매에게 물었다. 그들은 각각 한 명하고만 춤을 추지 못했다고 했다.

"아가씨들, 그러면 마지막 춤을 추러 갈까요?"

왕자님이 나서자, 신데렐라와 두 언니들은 그러자고 했다. 큰언니는 춤짱이와 춤을 추러 나갔고, 춤짱이 옆에 있던 근육맨은 작은언니의 손을 잡고 춤을 추러 나갔다.

"지금까지 내가 한 번도 함께 춤을 추지 않았던 사람은 왕자님이시네요."

신데렐라는 먼저 왕자님에게 손을 내밀었고,

왕자님은 무릎을 굽히며 신데렐라의 손을 잡았다. 왕자님은 밝게 웃으며 "영광입니다." 라고 속삭였다.

와리는 그 모습을 보면서 흐뭇했다.

'아, 나도 예쁜 암컷 강아지를 만나서 무도회에 함께 와야지. 그런데 지금 몇 시지?'

시계를 보던 와리는 깜짝 놀랐다. 7시까지 집에 들어오기로 엄마와 약속했는데, 벌써 6시 50분이었다. 놀란 와리는 황급히 무도회장을 빠져나왔다. 정신없이 나오면서 문고리에 턱시도 자락이 걸려 금색 단추가 떨어졌지만, 와리는 그것을 주울 시간이 없었다. 발바닥에 땀이 나도록 열심히 달린 끝에 와리는 7시 땡 하는 순간 가까스로 집에 도착할 수 있었다.

며칠 후, 이상한 학교에 도착한 와리는 여전히 책상 가득 편지들을 받았다. 하나하나씩 뜯어보고서는 흐뭇해하고 있는데, 뭔가 심상치 않은 상자 하나가 있었다. 상자를 열어 보니, 무도회 때 떨어뜨렸던 턱시도의 금색 단추가 들어 있었다. 그리고 한 통의 편지가 있었다. 신데렐라의 두 언니들이 쓴 편지였다.

"와리야.

지난번에는 말도 없이 사라져서 걱정했어. 네가 우리들이 한 번씩 짝이 되도록 도와줬지만, 총 몇 가지 방법이 있는지는 함께 확인하지 못하고 떠나 버려서 서운했어. 우리가 겹치지 않고 짝을 정했던 방법이 총 몇 가지

였는지 혹시 알고 있니?"

와리는 그 부분을 읽고 그때를 떠올리면서 한 번씩 세어 보았다. 하나, 둘, 셋…….

맞아. 세 남자와 세 자매가 각각 짝꿍을 이뤘던 방법은 총…….

"이쯤에서 몇 가지 방법인지, 알아냈겠지? 넌 영리한 강아지이니까. 맞아. 총 3가지의 방법이 있었어. 덕분에 아주 즐거운 시간을 보냈어. 그리고 신데렐라와 오해를 풀고 사이좋게 지낼 수 있게 된 것이 가장 좋아. 정말 고마워. 그래서 말인데……."

편지를 읽던 와리의 얼굴이 순간 환해졌다. 편지 뒤에는 정말 귀여운 모습의 암컷 강아지 사진이 함께 있었다.

"우리 옆집에 사는 강아지 루루야. 네 얘기를 했더니 한번 만나고 싶어 하더라고. 예쁜 여자 친구를 소개시켜 줄 테니, 우리 집에 놀러 오렴."

와리는 자기에게 강아지 여자 친구를 소개시켜 주려는 신데렐라의 언니들이 쓴 편지에 매우 좋다는 의미로 발 도장을 꾹꾹꾹꾹! 수도 없이 찍었다.

세 명의 여자아이들이 세 명의 남자아이들과 짝이 되는 방법은 총 몇 가지일까요?
(단, 짝은 반드시 여자 – 남자여야 합니다.)

신데렐라와 두 언니의 무도회 때 방법으로 생각해 볼까요?

제일 처음, 큰언니 – 왕자님, 작은언니 – 춤짱이, 신데렐라 – 근육맨, 세 쌍의 짝이 나와요.

두 번째 춤을 줄 때에는 큰언니 – 근육맨, 작은언니 – 왕자님, 신데렐라 – 춤짱이. 이렇게 짝이 되는 방법이 있었죠?

마지막 춤출 때 기억나나요?
큰언니 – 춤짱이, 작은언니 – 근육맨, 신데렐라 – 왕자님. 이렇게 세 쌍의 짝이 있었습니다.

그렇게 해서 만들어 질 수 있는 쌍은 3+3+3, 총 9쌍이 돼요.

★ 쉿, 이거는 고학년에 올라가면 배우는 건데, 아주 간단한 방법도 있어요.

원리를 생각하면 간단해요. 세 명이서 세 명과 짝을 이루는 방법은, 세 명이 1명 당 짝을 할 수 있는 3번의 기회로 곱하면 돼요.

$3 \times 3 = 9$

이야기 둘

왕따 미운 오리새끼, 형들에게 집을 지어 주다!

📖 규칙 찾기와 문제 해결

일요일에는 와리가 다니는 이상한 학교도 휴일이다. 회사에 다니는 엄마와 아빠, 그리고 진짜 학교에 다니는 시우 역시 휴일이라 모두 집에 있었다.

오전에 엄마가 대장이 되어 아빠와 시우가 함께 집 청소를 마쳤고, 점심을 먹고 오후에는 식구들 모두 텔레비전 앞에 앉았다. 늘 피곤한 아빠는 벌써 졸고 계셨고, 요즘 피부가 나빠졌다던 엄마는 여러 가지 과일을 깎고 계셨다. 시우는 리모컨으로 텔레비전 채널을 옮겨 다니다 한 채널에서 멈췄다.

"우와, 내가 좋아하는 동물 장기 자랑 프로그램이네!"

텔레비전에서는 정말이지 신기한 동물들이 많이 나와서 우승을 하기 위해 최선을 다하고 있었다. 과일을 깎던 엄마가 '우리 와리는 장난치는 거 말고는 장기가 없나?' 하고 지나가는 말을 했고, 와리는 곰곰이 자신의 장기에 대해 생각해 보았다.

'이상한 학교의 친구들과 빨리 친해지기? 많이 도와주기? 이건 세계 신기록감이지.'

하지만 이상한 학교에 다니는 것은 비밀이기에, 엄마께 말씀드릴 수 없다는 것이 와리는 매우 아쉬웠다.

"우와, 저 백조 되게 멋있다!"

갑자기 시우가 감탄을 하며 소리쳤다. 과일을 깎던 엄마도, 낮잠에 막 빠졌던 아빠도 시우의 소리에 놀라서 텔레비전을 보았다. 와리도 "뭔데?" 하면서 보는데, 멋진 백조 한 마리가 나와 음악에 맞춰서 아름다운 춤을

추고 있었다.

　와리와 식구들은 모두 백조의 아름다운 동작과 표정에 빠져 버렸다. 마치 김연아 선수가 멋진 피겨스케이팅 연기를 보는 것처럼 텔레비전 속의 사람들도, 텔레비전 밖의 사람들도, (물론 텔레비전 밖의 강아지 와리도!) 그 모습에 감동을 받았다. 사람들의 환호와 박수를 받은 백조는 동물 장기 자랑 대회의 우승자가 되었다.

　다음 날, 이상한 학교에 도착한 와리는 운동장에 아이들이 웅성대는 모습을 보았다. 아이들은 누군가를 둘러싸고 사인을 받고, 사진도 찍으면서 좋아하고 있었다.
　'아이돌 가수라도 온 것일까? 누구야 대체?'
　호기심이 발동한 와리는 친구들을 비집고 그 사이에 들어갔다. 이상한 학교 아이들이 둘러싼 이는 다름 아닌, 어제 동물 장기 자랑에서 우승을 한 백조였다. 실물을 보니 훨씬 멋진 녀석이었다.
　백조라는 사실을 확인한 와리는 돌아서서 교실로 들어가려는데, 누군가 자신을 부르는 소리를 들었다. 뒤를 돌아보니 백조가 와리를 부르는 것이었다.
　"나? 날 불렀어?"

"그래, 와리. 나 모르겠어?"

백조는 자신을 둘러싼 아이들에게 웃으며 손을 흔들어 주고는 와리에게 걸어왔다.

'이렇게 멋진 녀석을 내가 기억하지 못할 리가 없는데.'

이런 생각을 하면서 백조를 한참 쳐다보던 와리는 백조의 목 근처에 있는 조그마한 상처를 보았다.

'저 상처는, 예전에 형 오리들에게 괴롭힘을 당하던 미운 오리새끼가 다쳐서 내가 치료해 준 상처랑 똑같이 생겼네.'

"나야 나. 네가 잘 보살펴 주었던, 왕따 미운 오리새끼!"

"엥? 네가? 말도 안 돼. 넌 백조잖아. 그 아이는 형들과는 다르게 생겨서 항상 괴롭힘을 당했던, 말 그대로 미운 오리새끼였다고."

"형들이랑 모습이 다른 이유가 있었더라고. 알고 보니 나는 오리가 아니라 백조였어. 가족을 잃어버린 나를 오리 엄마가 구해 와서 길러 주신 거였어."

"아, 그랬었구나. 정말 오랜만이야. 미운 오리새끼. 아니, 백조."

"하하하. 아냐. 편하게 미운 오리새끼라고 불러 줘. 익숙한 그 이름이 나는 더 좋아."

와리와 백조 아니, 미운 오리새끼는 오랜만에 만나서 서로 얼싸안고 한참을 반가워했다.

"사실 나 너한테 부탁이 있어서 찾아왔어. 너라면 내 고민을 들어 줄 수 있을 것 같아서."

"고민? 동물 장기 자랑에서 우승을 하고 유명한 백조가 된 네가 무슨 고민이 있다는 거야?"

"고민이라기보다는 머리가 좀 복잡한 문제인데, 나를 도와줄 수 있어?"

"내가 해결할 수 있는 문제야?"

"호기심 많고 영리하고 친구들을 생각하는 따뜻한 마음씨를 가진 와리라면 충분히 해결할 수 있는 문제야!"

부탁을 하기 위한 미운 오리새끼의 칭찬일 것이라고 생각했지만, 어쨌든 와리는 어깨가 으쓱해졌다. 역시 천하무적 강아지 와리의 인기는 대단하다니까!

"곧 추운 겨울이 오잖아. 나의 12마리 오리 형들에게 근사한 집을 선물해 주고 싶어서."

"뭐라고? 12마리 오리 형들은 네가 다르게 생겼다고 얼마나 구박했었는데. 그 형들을 위해 집을 지어 주고 싶다니, 말도 안 돼."

"물론 형들에게 왕따를 당할 때는 많이 힘들었어. 하지만 형들도 그때는 아기 오리였으니까 뭘 잘 몰라서 그랬던 거야. 내가 사실은 백조였기 때문에 자신들과 다르게 생겼다는 것을 알고는 형들도 많이 미안해했어."

"그래도 넌 쫓겨났잖아."

"쫓겨난 게 아니야. 나는 나의 아름다운 춤으로 나처럼 왕따를 당해서 외로운 아이들에게 감동을 주고 싶었어. 그래서 꿈을 이루기 위해 스스로 집을 나간 거였어. 열심히 연습하기 위해서 말이야."

"그랬구나. 그럼 일단 12마리 오리 형들에게 가 볼까?"

"도와주겠다는 이야기지? 고마워 와리야."

와리와 미운 오리새끼는 미운 오리새끼가 살던 연못으로 향했다. 부쩍 추워진 날씨 탓에 오리들은 몸을 웅크리고 물 위에 떠 있었다. 몇 마리 오리들은 나뭇잎으로 이불을 만들어 덮고 있었다.

"아니 넌……."

와리와 함께 온 백조의 모습을 본 첫째 오리가 백조의 모습을 알아본 모양이었다.

"형, 나 알아보겠어?"

"그래. 우리 막내, 미운 오리새끼. 아니, 백조잖아."

"맞아. 보고 싶었어."

미운 오리새끼가 찾아온 사실을 알게 된 12마리 오리 형제들은 모두 미운 오리새끼 주변으로 몰려들었다. 그러고는 예전에 괴롭혔던 일들을 미안해하며 눈물을 흘렸다.

미운 오리새끼는 다 지난 일이라고 했다. 그때는 너무 어려서 몰랐으니깐 이해한다며 오히려 형들을 토닥여 주었다.

"그런데 여기에는 무슨 일이니?"

"엄마 돌아가시고 형들끼리 어렵게 지낸다는 말을 들었어. 내가 돈을 벌었거든. 형들이 겨울 동안 따뜻하게 지낼 수 있는 집을 지어 주고 싶어서 이렇게 찾아왔어."

"정말? 하지만 우리는 그 집을 받을 염치가 없어. 너를 괴롭혔던 형들인걸."

"무슨 소리야. 우리는 모두 같은 엄마 밑에서 함께 자란 형제들이잖아."

"고마워 미운 오리새끼야. 너도 우리와 같이 지낼 거지?"

"아니. 나도 그러고 싶은데, 내 춤을 보고 싶어 하는 이들이 많아서 세상 곳곳을 돌아다녀야 해. 가끔 놀러오면 형들이 재워 줘."

"당연하지. 언제든 놀러 와."

와리는 미운 오리새끼와 12마리 오리 형제들이 오해를 풀고 따뜻한 이야기를 나누는 모습에 감동을 받았다.

'나도 언젠가는 시우와 그만 다투고 따뜻한 대화를 나눌 수 있는 날이 오겠지.'

와리는 잠시 생각에 잠겼지만, 얼른 이들에게 집을 지어 줘야겠다는 사명감에 번쩍 정신을 차렸다.

"우리는 형제들이 많잖아. 서로 자기만의 방을 가지고 싶어 해."
"그래? 그러면 12마리니까 12개의 방을 만들면 되겠네."

"좋아. 그럼 방 12개짜리 집을 지어 보자."
그러자 몇몇 오리들이 수군거렸다.
"잠깐 와리야!"
"왜?"
"혼자는 외로워서 같이 지내고 싶은 오리들도 있거든."
"그럼 12마리가 모두 한방에서 같이 지내는 건 어때?"
"아까 말했지만, 방을 갖고 싶어 하는 오리들도 있단 말이야."
"아, 그랬지. 그럼 어떡할까?"

와리는 곰곰이 생각을 했다. 미운 오리새끼와 12마리 오리 형제들이 오랜만에 따뜻한 분위기를 만든 상황이라 그들이 모두 만족할 만한 집을 지어 주고 싶었기 때문에 신중히 생각해 보기로 했다.

와리만큼 신중하게 생각하던 미운 오리새끼와 12마리 오리 형제들은 진지하게 토론을 한 후, 무엇인가 결정했다는 듯 와리에게 다가왔다.
"이렇게 하는 건 어떨까?"
미운 오리새끼가 말을 꺼냈다.

"우리 형들이 총 12마리잖아. 그러니깐 12마리 형들이 똑같이 나눌 수 있는 경우의 수를 구해 보는 거야."

"똑같이?"

"응. 우리는 의좋은 12마리 형제니까 각 방마다 모두 같은 숫자의 오리 형제들이 지낼 수 있었으면 좋겠어."

"그거 좋은 생각이다. 그럼 몇 마리씩 한방을 쓸 거야?"

"글쎄. 몇 가지 방법이 있니?"

와리는 12마리 오리 형제들이 사이좋게 같은 숫자로 방을 나눌 수 있는 경우를 생각해 보았다.

"차근차근 생각해 볼까?"

"그래. 모든 경우의 수를 생각해 보자."

"우선, 12마리 오리 형제들이 모두 방 하나씩 쓰는 방법이 있지."

와리가 먼저 말을 꺼냈다. 그러자 첫째 오리가 말을 이었다.

"그리고 2마리가 방 하나씩 쓰는 방법이 있어. 그럴 경우 필요한 방의 수는 모두……."

"6개의 방이 필요해."

둘째 오리가 대답했다.

"맞아. 그런 방법이 있네."

"그리고 3마리씩 나눠도 똑같은 숫자의 형제들이 같은 방을 쓸 수 있어."

"맞아, 맞아!"

와리는 12마리 오리 형제들, 미운 오리새끼와 서로 의견을 나눌 수 있어서 무척 신이 났다.

이번에는 와리가 먼

저 대답을 했다.

"그럴 경우 방은 모두 4개가 필요해!"

"정답!"

"그럼 이번에는 4마리가 방 하나씩 써 볼까?"

"그래도 방을 똑같이 나눠 쓸 수 있어. 그럴 경우에는 방이 3개면 돼!"

"다음 5마리면……. 2마리만 남게 되니 이건 안 되겠다. 하지만 6마리가 방 하나씩 쓴다면……."

"방이 2개면 되지. 빙고!"

그 자리에 있던 오리들과 미운 오리새끼, 와리는 마치 스피드 퀴즈를 푸는 것처럼 정말 신이 났다.

"그리고 마지막으로 12마리가 모두 한 방에 있을 수 있어."

"그럼 이제 우리 형제들이 똑같이 방을 나눠 쓸 수 있는 모든 경우의 수가 나왔나?"

"응, 이젠 끝!"

와리는 12마리 오리 형제들과 미운 오리새끼가 서로 들떠서 경우의 수를 구하는 동안 꼼꼼하게 바닥에 메모를 해 두었다. 그리고 그 메모를 다시 한 번 살펴보았다.

"내가 정리해 줄게. 첫 번째, 12마리가 각각 방 하나를 차지해 방이 12개 필요한 경우. 두 번째, 2마리씩 6개의 방을 만들 수도 있어. 세 번째, 3마리씩 나눠서 4개의 방을 만들 수가 있고, 네 번째, 4마리씩 방을 나눠 3개의 방을 만드는 방법도 있어. 내 말 잘 듣고 있니?"

"당연하지. 계속해 봐."

"그리고 다섯 번째, 6마리씩 나눠서 방을 2개 만들어 지내는 방법이 있고, 여섯 번째, 12마리 오리가 모두 한방을 쓸 수 있는 방법이 있어."

"그럼 이젠 끝?"

"응. 이 방법이 전부야. 총 몇 가지의 방법이었니?"

"총 6가지의 방법이었어."

12마리의 오리 형제가 똑같이 방을 나눠 쓸 수 있는 방법은 총 6가지라는 결론이 나오자, 와리는 이런 복잡한 문제도 함께 고민하면 금방 해결할 수 있다는 사실을 깨달았다.

"그럼, 6가지 방법에 대해 알아봤으니깐, 이제부터는 너희들이 다시 의논해서 결정하고 알려 줘. 멋진 집을 만들 때 내가 도와줄게."

"그래. 고마워 와리야."

12마리 오리 형제들과 미운 오리새끼는 서로 머리를 맞대고 몇 명씩 나누는 것이 좋은지에 대해 진지하게 토론을 벌였다. 그 모습을 본 와리도 즐거운 기분으로 콧노래를 부르며 집으로 향했다.

며칠 후, 이상한 학교에 첫째 오리가 찾아왔다.

"결정했구나. 몇 명이서 같이 쓰기로 했어?"

"응. 3마리씩 쓸 수 있게 총 4개의 방을 만들기로 결정했어."

"탁월한 선택인걸."

"중요한 건 방마다 각각의 개성을 살려서 재밌게 꾸민 후, 서로 돌아가면서 쓰기로 했어."

"우와. 정말 멋지겠다! 좋아. 내가 집 짓는 걸 도와줄게."

"아니야. 집은 벌써 다 지었어. 미운 오리새끼와 12마리 오리 형제, 무적의 13형제들이 힘을 모아서 뚝딱 만들어 버렸지."

"정말? 그런데 여기에는 왜 온 거야?"

"왜 오기는! 우리 모두가 만족하는 집을 지을 수 있도록 같이 고민해 준 와리를 직접 초대하기 위해서 왔지. 네가 좋아하는 육포도 많이 준비해 뒀으니, 같이 가자."

"좋아. 얼른 가자!"

와리는 첫째 오리를 따라 오리들이 새로 지은 멋진 집으로 향했다.

그날 이후, 혹독한 추위가 이어지는 겨울이 되어도 12마리 오리 형제들은 막내 미운 오리새끼가 지어 준 집 덕분에 따뜻하고 포근하게 지낼 수 있게 되었다.

12마리의 오리들을 똑같이 나누는 방법에 대해 알아볼까요?

1. 1마리씩 총 12마리예요.   1X12=12
2. 2마리씩 총 6개의 짝을 만들 수 있어요.   2X6=12
3. 3마리씩 총 4개의 짝을 만들 수 있어요.   3X4=12
4. 4마리씩 총 3개의 짝을 만들 수 있어요.   4X3=12
5. 6마리씩 총 2개의 짝을 만들 수 있어요.   6X2=12
6. 12마리로 하나의 모음을 만들 수 있어요. 12X1=12

★ 쉿! 경우의 수를 쉽게 구할 수 있는 방법을 알려 줄까?

우선은 문제의 내용을 잘 읽고 하나하나의 경우를 따져서 나열해 보는 거야. 그런 후에 혹시 겹치는 것은 없는지 다시 한 번 확인해 보는 거지.

그런데 일일이 그렇게 할 수는 없지 않냐고? 맞아. 시간이 많이 걸리기는 하지만, 이렇게 하다 보면 저절로 눈에 보이는 공식이 생겨. 그러면 후다닥 경우의 수 문제를 풀 수 있어.

공식을 무조건 외우기만 하면 나중에 헷갈릴 수 있거든. 그러니 차근차근 모든 경우를 나열해 보는 훈련을 하면서 원리를 이해해 보도록 해 봐. 그 다음에는 고학년이 되어 나오는 어려운 공식을 억지로 외우려 하지 않아도 저절로 알게 될 거야!

이상한 학교에서 와리의 절친한 친구가 생겼다. 그 아이는 아기 염소다.

와리처럼 강아지는 아니지만, 어쩐지 모습도 닮았고 착한 아기 염소 같은 동생이 있었으면 좋겠다고 생각했다.

"아기 염소, 나의 동생이 되어 줄래?"

"정말? 나도 우리 집에서는 첫째라서 형이 있었으면 했었는데. 얏호!"

"넌 동생도 있어?"

"그럼 여섯이나 있는데."

"우와, 그럼 다 너와 같은 염소야?"

"당연하지. 우리 형제들은 모두 똑같이 생겨서 어디를 가도 가족인 줄 알더라고."

"부럽다."

"부럽긴. 형이라고 불러도 되지? 와리 형!"

"아하하! 그래. 그럼 내게도 염소 동생이 일곱이나 생기는 거네? 신 난다!"

하얀 털에 긴 다리를 가진 염소를 보면서, 와리는 자기의 모습과 매우 닮았다고 했지만 친구들은 말도 안 되는 소리라며, 아기 염소가 훨씬 더 멋져 보인다고 했다. 어쩐지 질투가 나는 와리였다.

"쟤는 아기면서 수염이 났단 말이야. 아저씨처럼. 우헤헤."

"맞아. 우리 염소들은 원래 수염이 나. 나도 이제 어른 염소가 되려나 보다."

와리는 놀리려고 한 말인데, 아기 염소가 어른스럽게 대답하는 바람에, 와리는 다시 한 번 놀림감이 되었다.

"에이, 형이 뭐 그렇게 까불어? 차라리 아기 염소한테 형이라고

불러라."

"맞아 맞아. 심지어 아기 염소는 곧 수염도 난다며. 와리는 형이라 불리는 것보다 차라리 아기 염소에게 형님 하는 게 낫지 않나?"

"그러게. 하하하하!"

지나가던 일곱 난쟁이들이 와리와 아기 염소의 이야기를 듣고는 와리를 놀려 댔다. 와리는 난쟁이들의 말에 몹시 화가 났다.

'여기서 내가 화를 내면 쩨쩨한 강아지가 되겠지? 아기 염소 녀석만 더욱 의젓해 보일 거야. 그럼 저 일곱 난쟁이 녀석들은 더 신이 나서 놀려 댈 거야. 참자. 참아.'

와리는 아무 말없이 휑하고 자리를 떠났다.

"와리 화났나 보다."

"삐쳤네 뭐. 역시 아기 염소가 형을 하는 편이 나아. 쩨쩨한 강아지 와리."

"하하하하!"

와리의 작전은 실패로 돌아갔다. 일곱 난쟁이들은 와리가 분명 화가 나서 간 것이라며 놀려 댔다. 그 자리에 있던 아기 염소는 일곱 난쟁이에게 와리 좀 그만 놀리라고 다그쳤다.

집에 여섯 동생이 있는 아기 염소는 역시 의젓하고 듬직했다.

이상한 학교 교실 구석에서 창문 밖을 바라보던 와리는 아직도 마음이 상해 있었다. 분명 아기 염소가 잘못한 건 아닌데, 가만히 있어도 놀림을 받게 되는 바람에 괜한 아기 염소 탓만 하는 와리 자신에게 조금 화가 난 상태였다. 이건 다 아기 염소 때문이다.

'치, 다시는 아기 염소랑 어울리나 봐라. 흥!'

그런데 이때, 교실 문이 드르륵 열렸다. 그리고 아기 염소가 헐레벌떡 들어와 와리를 찾았다.

"형, 와리 형!!"

"형이라고 부르지 마. 나 이제 네 형 안 할 거야. 흥."

"형, 그러지 말고, 큰일 났어. 나 좀 도와주면 안 돼?"

"어른스러운 아기 염소를 나 같이 철없는 강아지가 어떻게 도와줄 수 있겠어? 못 해."

"부탁하려고 형이 되어 달라고 한 건 아니었는데. 기분 나빴다면 미안해! 와리."

와리는 아기 염소가 화를 낼 줄 알았는데 오히려 미안하다고 말을 하니 겸연쩍어졌다. 얼마 후, 아기 염소가 허겁지겁 교문 밖을 빠져나가는 모습이 보였다.

'무슨 일인지 들어 볼 걸 그랬나? 그런데 하얀 털과 긴 다리를 가진 아기 염소 녀석은 마음까지 착하네.'

와리는 아기 염소가 내심 걱정이 되었다. 그때, 조금 전 와리를 놀렸던 일곱 난쟁이 중 한 명이 교실로 들어왔다.

"와리, 너 여기서 뭐해? 아기 염소 따라간 거 아니었어?"

와리는 내가 왜 그 녀석을 따라가냐며 마음과는 다르게 심통 난 목소리로 말했다.

"아기 염소더러 형이라고 부르라고 할 때는 언제고. 정작 아기 염소가 어려움에 처하니까 모르는 척하다니. 와리, 정말 실망이야."

"아기 염소가 어려움에 처하다니, 그건 또 무슨 소리야?"

"정말 몰라서 물어보는 거야? 아기 염소 동생들이 지금 못된 늑대에게 잡혀 있다고!"

"뭐야? 이 늑대 녀석. 그렇게 당하고도 또 그런 짓을!"

와리는 놀라기도 했지만, 아기 염소들을 괴롭히는 늑대에게 화가 나서 아기 염소의 집으로 단숨에 달려갔다.

"아기 염소, 늑대 녀석이 나타났다는 말을 왜 안 했어?"

사실 늑대가 아기 염소를 괴롭힌 건 이번이 처음이 아니었다. 예전에도 아기 염소들을 잡아먹었고 잠든 사이에, 엄마 염소가 늑대의 배를 갈라 탈출시킨 후, 늑대의 배에 돌을 채워 늑대가 우물에 빠진 일이 있었다. 우물에 빠진 늑대가 다시는 그러지 않겠으니 한번만 살려 달라고 애원했다. 그 모습이 안쓰러웠던 엄마 염소는 늑대를 구해 줬는데, 그 늑대가 다시 나타났다는 것이다.

와리는 아기 염소와 함께 늑대의 집으로 향했다. 괘종시계 안에 아기 염소 넷이 숨어 있었다. 늑대는 괘종시계를 통째로 집으로 들고 와서 잡아먹으려다, 집에 불이 없어서 성냥을 사러 나갔다고 했다. 괘종시계는 자물쇠로 꽉 잠겨 있었다.

"어휴, 이 무거운 괘종시계를 들고 나갈 수도 없고 큰 일이네. 어떡하지?"

괘종시계 안에서는 아기 염소의 동생 넷이 무섭다고 엉엉 울고 있었다.

"방법은 하나밖에 없네. 늑대가 집에 도착해서 자물쇠를 여는 순간, 준비하고 있다가 재빨리 탈출하는 수밖에."

"그 방법밖에는 정말 없을까?"

"늑대를 직접 상대하기에는 우리 힘이 너무 약해. 그러니깐 질서 있게, 순서대로 탈출해야 해."

와리는 아무리 머리를 써 봐도 이 방법밖에는 없다는 사실이 억울했지만, 그렇게 넋 놓고 있을 수만은 없는 노릇이었다.

"시계 안에 있는 아기 염소들아! 있다가 늑대가 문을 열면 무조건 빨리 나와야 하는 거야. 알았지?"

와리가 이렇게 아기 염소들에게 말을 하니, 아기 염소들은 서로 먼저 나가겠다고 싸우기 시작했다.

"내가 먼저 나갈 거야!"

"아냐, 내가 먼저 나갈 거야!"

아기 염소는 시계 안의 동생들에게 싸우지 말라며, 형이 방법을 찾을 테니까 얌전히 있으라고 타일렀다.

"아이들이 한꺼번에 나오겠다고 난리인데, 저러다가 넘어지기라도 하면 분명히 다시 잡힐 거야."

"아기 염소, 동생 넷이 저 안에 있다고 했지?"

"응."

"누구누구인지 알아?"

"둘째, 셋째, 넷째, 다섯째 이렇게 넷이야."

"좋아. 아이들은 안에서 많이 당황하고 있을 테니깐 우리가 순서를 정해 보자. 아직 늑대가 오려면 시간이 좀 남았잖아."

"좋아."

와리와 아기 염소는 동생들이 나오는 순서를 정해 질서 있게, 빨리 나오게 하자고 결정했다.

"우선은 둘째, 셋째, 넷째, 다섯째 이렇게 순서대로 줄을 세울 수가 있어."

"그리고 둘째, 셋째, 다섯째, 넷째 이런 순서로도 가능해."

"음······. 그러면 우리 아기 염소 동생들이 한 줄로 설 수 있는 여러 가지 경우를 한번 써 볼까?"

"좋아. 한 줄로 설 수 있는 경우를 다 따져 보자. 여기 늑대의 노트와 펜이 있어."

와리와 아기 염소는 네 동생들이 한 줄로 설 수 있는 모든 방법을 적어 보았다.

와리와 아기 염소는 일단 둘째가 첫 번째인 경우, 셋째가 첫 번째인 경우, 넷째가 첫 번째인 경우, 다섯째가 첫 번째인 경우로 나누어서 꼼꼼히 적어 보았다. 처음에는 헛갈렸지만, 정리를 하면 할수록 속도가 붙어서 빠른 시간 안에 정리를 마칠 수 있었다.

둘째(2) 셋째(3) 넷째(4) 다섯째(5)가 한 줄로 서는 방법들

2-3-4-5	3-2-4-5	4-2-3-5	5-2-3-4
2-3-5-4	3-2-5-4	4-2-5-3	5-2-4-3
2-4-3-5	3-4-2-5	4-3-2-5	5-3-2-4
2-4-5-3	3-4-5-2	4-3-5-2	5-3-4-2
2-5-3-4	3-5-2-4	4-5-2-3	5-4-2-3
2-5-4-3	3-5-4-2	4-5-3-2	5-4-3-2

"이제 다 된 것 같지?"

"응. 총 24가지 방법이 있어. 더 이상 방법은 없는 것 같아. 아니 없어. 그럼 이 중에서 1가지 방법을 선택하자."

"그래. 맨 앞에는 어떤 아이를 세우는 것이 좋을까?"

와리의 물음에 아기 염소는 동생들의 성격을 잠시 생각을 하더니 입을 열었다.

"셋째가 제일 용감하고 겁이 없어. 우리의 작전을 미리 알면 아마 셋째는 늑대가 문을 열려고 해도 겁먹지 않고 먼저 박차고 나올 수 있을 거야."

"아기 염소, 제법인데? 그거 좋은 생각이다."

"그리고 넷째는 몸이 무지 잽싸. 그러니깐 넷째를 그 다음에 세우자."

"잠깐만, 그것보다 가장 겁이 많거나 마음이 여린 염소는 누구야?"

"아무래도 가장 어린 다섯째가 약해."

"둘째는 동생들을 잘 돌봐 주니?"

"응. 둘째는 내가 이상한 학교에 가 있는 동안에도 동생들을 잘 돌봐 주어서 내가 많이 고마워하고 있어."

아기 염소의 동생들에 대한 이야기를 듣던 와리는 무릎을 딱 치면서 무언가 결정했다는 듯 미소를 지었다.

"그럼 우리의 작전은 3-5-2-4야."

"3-5-2-4?"

"응. 일단, 용감한 셋째가 문을 박차면, 둘째가 다섯째를 앞세워서

돌진하는 거야."

"왜?"

"만약의 경우, 다섯째가 넘어지거나 울음을 터뜨릴 때엔 뒤에서 둘째가 다섯째를 잽싸게 안고 나갈 수 있도록 하는 것이지."

"그렇구나. 그런데 왜 가장 빠른 넷째를 제일 뒤에 둔 거야?"

"넷째가 가장 빠르니까 가장 늦게 나가더라도 늑대에게 잡히지 않을 거야. 또 급박한 상황이니깐 맨 뒤에서 넷째가 서두를수록 동생들은 더 빨리 움직일 수 있겠지."

"우와, 대단하다. 빨리 아이들에게 알려 줘야겠어!"

와리와 상의한 끝에 아기 염소는 얼른 괘종시계 앞으로 가서 이와 같은 작전을 알려 주었다. 시계 속에 갇힌 동생들은 자기들이 잘할 수 있을까 걱정했다.

"형이 밖에 있으니깐 걱정 말고 달려. 겁먹으면……."

"겁먹으면 아기 염소 형제가 아니다!"

"그래 맞아. 그리고 너희들에게 줄 선물이 있으니깐 꼭 탈출해야 해."

"선물? 야, 신 난다. 잘 해낼게. 형!"

동생들이 많은 아기 염소는 역시 동생들을 다루는 법을 아는 것 같았다. 와리는 아기 염소가 듬직해 보였다. 그런데 아기 염소가 동생들에게 약속한 선물이라는 건 도대체 뭘까?

"하하. 그건 지금은 비밀. 동생들이 나오면 알려 줄게."

와리는 살짝 서운했지만, 곧 밝혀질 비밀이 어쩐지 재밌을 것 같기도 했다.

"앗! 아기 염소, 늑대가 오고 있어."

귀가 밝고 냄새를 잘 맡는 강아지 와리는 멀리서 늑대가 오고 있다는 것을 금세 알아차렸다. 아기 염소는 다시 한 번 동생들에게 '3-5-2-4' 작전을 되뇌어 주고서는 와리와 함께 대문 근처에 몸을 숨겼다.

늑대가 집으로 들어왔다. 손에는 커다란 성냥이 들려 있었다.

"헤헤헤. 이 녀석들. 이제 성냥도 가져왔으니, 너희들을 보글보글 끓여 먹어 주겠다. 지난번처럼 당하지만은 않을 거야!"

괘종시계 속 아기 염소들은 무서웠지만 어금니를 꽉 물고 늑대가 오기만을 기다렸다.

짤랑짤랑.

늑대가 열쇠 꾸러미를 들고 오는 소리가 들렸다. 늑대는 열쇠를 자물쇠 구멍에 넣고 돌리기 시작했다. 아기 염소들은 미리 첫째 염소가 알려 준 대로 줄을 서 있었다. 맨 앞에 있던 셋째가 외쳤다.

"자, 지금이야!"

셋째 아기 염소의 목소리에 놀란 늑대는 문을 활짝 열었고, 문이 전부 열리기도 전에 용감한 셋째가 문을 박차고 뛰쳐나왔다. 그 뒤로 나머지 동생들도 뛰쳐나왔다.

"야아아아아아!"

"아니, 이 녀석들 뭐야!"

아기 염소들은 전속력으로 달렸다. 그런데 늑대의 얼굴을 보고 겁에 질린 다섯째가 그만 자기 발에 걸려 넘어졌다. 다섯째는 눈을 질끈 감고 이제 죽었구나 생각했는데, 첫째 아기 염소의 말처럼 둘째가 얼른 다섯째를 낚아채 안고 달렸다. 그리고 넷째는 그런 둘째의 등을 밀어 주면서 빠르게 자리를 박차고 나왔다.

"여기야, 여기!"

대문 근처에서 숨어 기다리고 있던 아기 염소와 와리가 문을 활짝 열었고, 동생들은 무사히 밖으로 빠져나왔다. 아기 염소도 동생들을 따라 밖으로 나왔는데, 와리의 모습이 보이지 않았다.

"거기서 뭐해? 얼른 나오지 않고!"

"아기 염소! 동생들을 데리고 얼른 가. 뒤처리를 하고 너희 집으로 갈게."

와리는 아기 염소들을 먼저 보냈다. 집 안에 있던 늑대가 대문 쪽으로 다가오자, 와리는 잽싸게 문을 닫고 늑대가 나오지 못하게 자물

통을 꾹 눌러 잠갔다. 그러고는 아기 염소들의 탈출에 놀라, 늑대가 떨어뜨렸던 대왕 성냥에 불을 붙여 늑대가 갇힌 집 창문 안으로 쏙 집어넣었다.

"악, 불이야, 불!"

"늑대, 너 엄마 염소가 불쌍해서 구해 줬는데 아직도 정신을 못 차리다니. 이번에는 내가 용서하지 않겠어!"

늑대의 집에서는 연기가 피어오르기 시작했다. 그리고 와리는 아기 염소들을 따라 집으로 향했다.

"괜찮니?"

와리는 아기 염소의 집에 도착하자마자 동생들이 모두 괜찮은지 물었다.
"덕분에 동생들 모두 무사해."
"나머지 여섯째랑 막내는 어디에 있니?"
"엄마 모시러 갔으니깐 곧 올 거야."
아기 염소 동생들은 와리에게 고맙다며 자기들이 먹던 따뜻한 물을 주었다.

"그런데 형, 아까 우리에게 선물이 있다고 했잖아."
"아, 맞다. 선물을 줘야지? 와리에게도 선물을 줄게."
"정말? 내게도?"
와리는 아기 염소들뿐 아니라 자기에게도 비밀 선물이 있다는 이야기에 기분이 좋아졌다.

"자, 너희들의 큰형을 소개할게. 여기 와리 형이야."

"뭐?"

"그리고 와리. 아니, 나 다시 형이라고 불러도 되지? 와리 형, 그때 내가 와리 형이라고 부르겠다고 하면서 얘기했었잖아. 우리가 와리 형의 일곱 동생들이 되어 줄게. 어때, 선물이 되려나?"

아기 염소의 이야기에 동생들은 큰형이 하나 더 생겼다고 좋아했고, 졸지에 일곱 동생이 생긴 와리는 기뻐서 얼굴이 붉어졌다.

"우와, 진짜지? 드디어 이 와리님에게도 동생이 생겼다! 그것도 일곱이나!"

와리는 그날 이후, 엄마에게 더 이상 동생을 갖고 싶다고 조르지 않았다. 대신 동생들이 보고 싶을 때마다 아기 염소들의 집으로 놀러 오게 되었다.

여럿이 한 줄을 서는 방법은 여러 가지 입니다.

이럴 경우 하나씩 맨 앞에 두고 나머지들을 순서를 정해서 나열해 보아요. 차근차근 다 적어 보고 세어 보세요.

와리와 아기 염소, 늑대를 한 줄로 세워 볼까요?

우선 와리가 제일 앞에 설 경우, 그 뒤로 아기 염소와 늑대 순서로 설 수도 있고, 늑대, 아기 염소의 순으로 설 수도 있어요.

다음은 아기 염소가 제일 앞에 설 때는, 와리와 늑대 순서로 서거나, 늑대와 와리 순서 두 가지 경우로 설 수 있죠.

마지막으로 늑대가 제일 앞에 섰을 때는 와리와 아기 염소, 혹은 아기 염소와 와리 이렇게 두 가지 경우가 있어요.

이렇게 차근차근 적어 보면 어렵지 않게 풀 수 있어요.

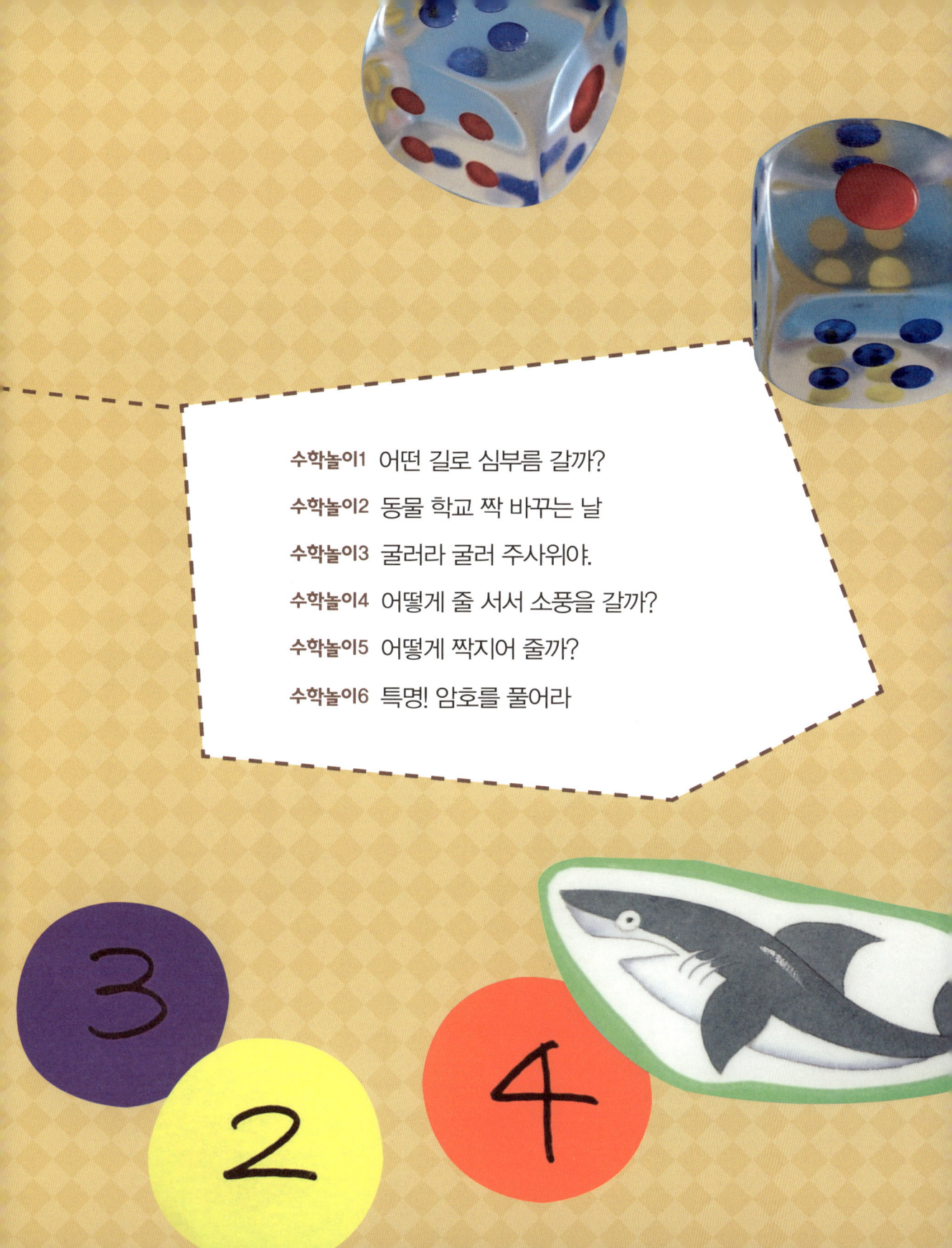

수학놀이1 어떤 길로 심부름 갈까?
수학놀이2 동물 학교 짝 바꾸는 날
수학놀이3 굴러라 굴러 주사위야.
수학놀이4 어떻게 줄 서서 소풍을 갈까?
수학놀이5 어떻게 짝지어 줄까?
수학놀이6 특명! 암호를 풀어라

수학놀이 1 — 어떤 길로 심부름 갈까?

놀이의 목표 ▶ 심부름을 갈 수 있는 길을 찾으며 경우의 수에 대해 알아본다.
놀이 준비물 ▶ 펜, 도화지, 색연필이나 크레파스

활동1 〈갈래 길에서 경우의 수 찾기〉

"중현아, 오늘은 할머니 댁에 빵을 갖다 주는 심부름을 해야 한대. 그런데 길이 여러 갈래라서 어떻게 가야 하는지 잘 모르겠다는구나. 중현이가 어떻게 가야 하나, 얼마나 많은 방법이 있나 찾아 줄래?"

"문제없어요. 엄마. 제가 빨간모자 소녀처럼 할머니 댁에 심부름 가는 길을 찾아 줄게요."

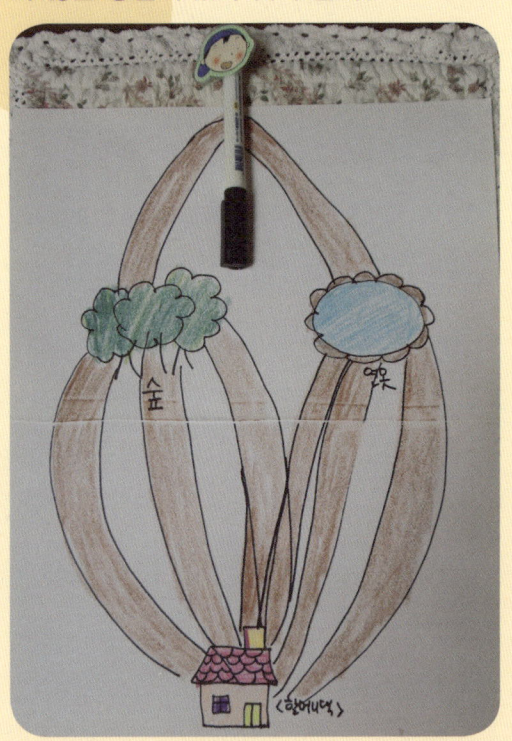

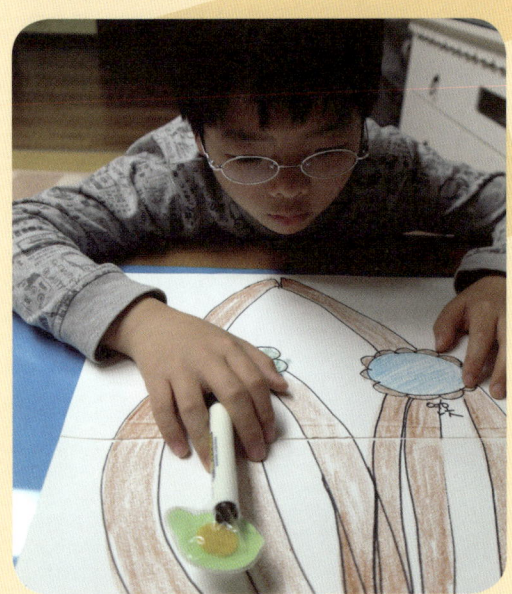

"아, 진짜 길이 여러 갈래네요. 숲으로 가는 길이 있고, 연못을 지나는 길도 있고. 생각보다 복잡한걸요. 그러나 펜으로 선을 긋고 번호를 쓰면서 가면 몇 가지의 다른 길이 있는지 헷갈리지 않고 찾을 수

있을 것 같아요."

"그래 중현아. 이렇게 할머니 댁까지 갈 수 있는 다른 방법을 찾는 것을 할머니 댁까지 가는 경우의 수라고 해. 몇 가지 경우의 수로 할머니 댁까지 갈 수 있는지 중현이가 펜으로 선을 그으면서 직접 가 보렴. 그럼 쉽게 알 수 있을 거야."

"일단 이렇게 숲으로 간 다음 숲에서 바깥으로 돌아가는 방법이 하나 있고요. 숲에서 할머니 댁까지 직진으로 가는 방법 둘, 이쪽으로 셋, 연못으로 가는 방법이 또 세 가지 있으니까…… 엄마, 다 합해서 모두 6가지의 길이 있어요."

"그래, 이렇게 그림으로 직접 길을 따라가 보니 몇 가지 길이 있는지 쉽게 알 수 있지? 중현이가 할머니 댁에 심부름 갈 수 있는 길의 경우의 수는 6가지가 되는 거야."

"엄마, 숲으로 가는 길 3가지, 연못으로 가는 길 3가지니까 모두 6가지 맞아요."

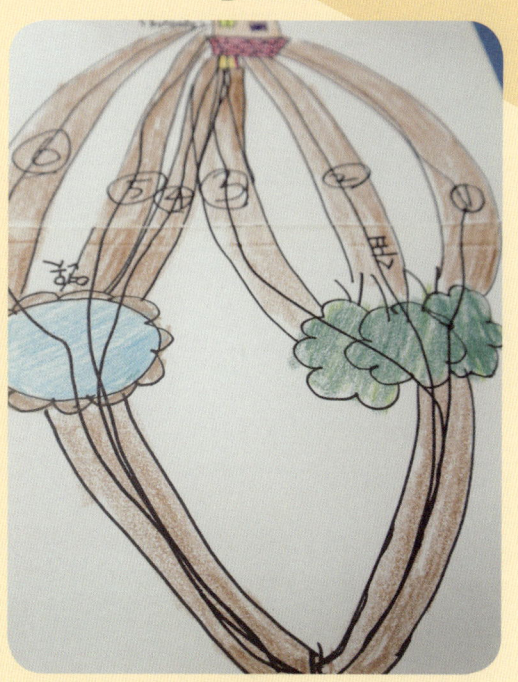

"그럼, 여기서 엄마가 퀴즈를 하나 낼 테니까 중현이가 한번 맞혀 볼래?"

"퀴즈요? 좋아요. 엄마 자신 있어요."

"음, 할머니 댁까지 심부름 가는 길 중 숲을 지나는 길이야. 그 숲을 지나는 길 중에 할머니 댁까지 가장 빠르게 갈 수 있는 길은 어느 길일까?"

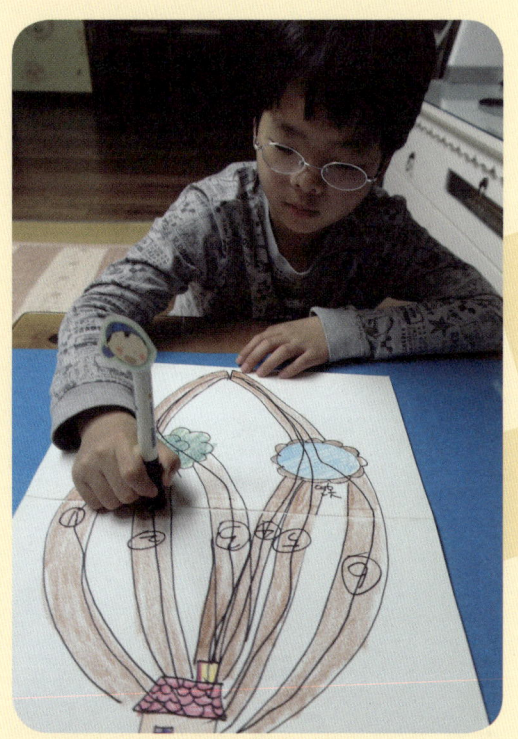

"이렇게 숲으로 가는 길 중 할머니 댁까지 가장 짧은 거리의 길을 찾으면 되는 거죠? 여기 있어요. 엄마 2번 길이 가장 빨리 할머니 댁까지 갈 수 있겠어요."

"딩동댕. 잘 찾았어."

"그럼, 이번엔 제가 낼 게요. 음. 연못으로 가는 길 중에 있어요. 그 길 중에 할머니 댁까지 가장 멀게 난 길이에요."

"음, 6번 길 맞지? 연못으로 난 길 중 할머니 댁까지 가장 먼 경우네."

"확인해 보니 엄마 말대로 6번 길이 가장 돌아가는 길이에요. 딩동댕. 맞혔어요."

활동2 〈갈래가 더 많은 길에서 경우의 수 찾기〉

"엄마, 그런데 6가지 길을 찾는 건 너무 쉬워요. 이번엔 조금 더 여러 갈래 길을 찾아보고 싶은데 어떻게 하면 될까요?"

"더 많은 경우의 길을 찾고 싶단 말이지? 그럼 엄마가 이렇게 더 많은 갈래의 길을 그려 줄 테니까 중현이가 길을 따라가 보고 몇 가지 경우가 되는지 길이 끝나는 곳에 숫자로 써 주렴."

"그렇지? 복잡한 것 같아도 이렇게 그림을 그려서 하나씩 차근차근 해 보니 쉽게 알 수 있지? 다음엔 무도회엔 간 신데렐라와 언니들의 짝 찾기처럼 우리도 동물 친구들 짝을 찾아 주는 놀이 해 보자."

"엄마 빨리 해 보고 싶어요. 경우의 수라는 용어도 어렵고 여러 방법을 찾아보라고 하면 머리부터 아팠는데 이렇게 차근차근 해 보니 쉬운 걸요. 동물 친구들 짝 찾기도 기대돼요."

"이렇게요 엄마? 2가지 갈래 길 이후에 3가지 길, 또 3가지 길에 다시 3가지의 갈래 길이 오니……. 어휴, 정말 도대체 이게 몇 가지 길인가 잘 모르겠는데, 하나씩 가 보고 숫자로 써 보니 18가지라는 걸 알게 되었어요. 엄마."

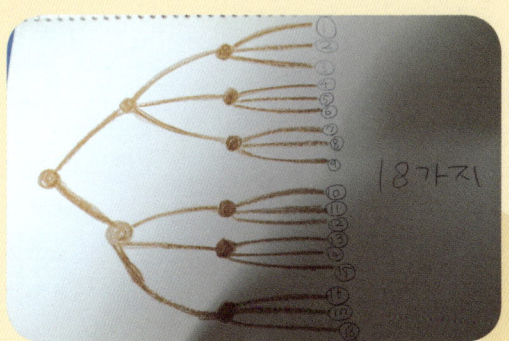

수학놀이 2 — 동물 학교 짝 바꾸는 날

놀이의 목표 ▶ 규칙을 달리하면 경우의 수도 어떻게 되나 알 수 있다.
놀이 준비물 ▶ 물에 사는 동물, 육지에 사는 동물 그림 여러 개(없으면 조건을 달리할 만한 스티커(모양이나 나뭇잎, 꽃 등)

활동1 〈물에 사는 동물과 육지에 사는 동물이 짝이 되는 경우의 수〉

"중현아, 오늘은 동물 학교에 짝 바꾸는 날이야. 물에 사는 동물과 육지에 사는 동물이 짝이 되어야 한대. 짝을 정하는 방법을 찾아야 하는데 같이해 볼까?"

"맞아. 중현아, 처음엔 복잡해 보여서 어떻게 해야 하나 걱정 되겠지만 심부름 가는 길을 찾는 경우와 같이 하나하나 해 보면 금방 규칙이 보일 거야. 자 그럼 하마랑 짝이 될 동물은 누구일까?"

"예, 엄마, 좀 복잡할 것 같긴 하지만 할 수 있을 것 같아요. 동화책에서 신데렐라와 언니가 와리와 함께 무도회에 가서 왕자님이랑 왕자님 친구랑 춤출 짝을 정하잖아요. 동물 짝 정하는 것도 그 경우랑 비슷한 것 같아요."

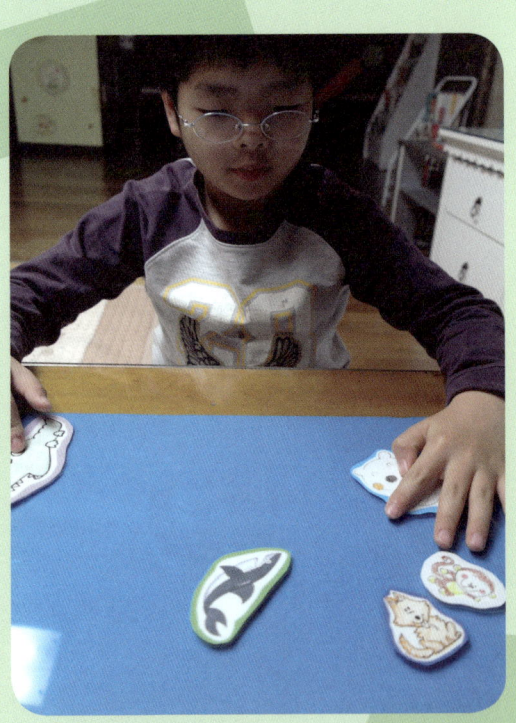

"그런데 왜 이렇게 동물들이 많아요?"

"응, 그건 엄마가 1마리씩 짝이 되게 놔 보라고 여러 마리 준비했어. 생각으로만 하려면 헷갈릴 것 같아서 말이야."

"아, 좋은 생각이에요. 물에 사는 동물들끼리는 짝이 될 수 없죠? 그럼 하마는 곰, 원숭이, 개랑만 짝이 될 수 있네요."

"자, 이렇게 짝이 될 수 있어요. 하마는 곰, 원숭이, 개."

"그럼 상어는 누구랑 짝이 될 수 있을까? 상어랑 잘못 짝이 되었다가는 상처를 입게 되는 거 아닐까?"

"그렇게 따지면 상어가 어떻게 육지에 있는 학교를 다녀요. 말도 안 되죠, 엄마."

"그런가? 상상력으로만 다닐 수 있는 학교다. 그렇지?"

"상어도 이렇게 곰, 원숭이, 개와 한 번씩 짝이 될 수 있어요. 아까 하마의 경우와 똑같아요."

"그렇게 되네, 정말. 뭔가 규칙이 생길 것 같은걸. 다음은 누구 차례지?"

"악어예요. 엄마."

"악어도 똑같이 곰, 원숭이, 개와 한 번씩 짝을 할 수 있겠는걸."

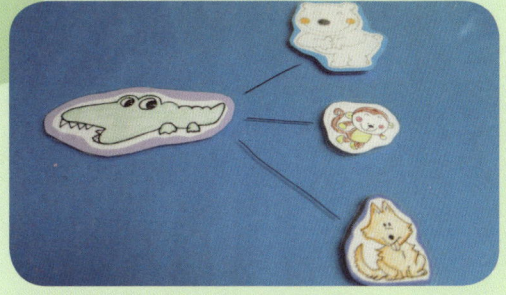

"이렇게 악어도 곰, 원숭이, 개와 한 번씩 짝을 할 수 있는 거죠? 그럼 (하마, 곰) (하마, 원숭이) (하마, 개) (상어, 곰)

(상어, 원숭이) (상어, 개) (악어, 곰) (악어, 원숭이), (악어, 개) 이렇게 9가지의 경우로 짝을 정할 수 있는 거네요."

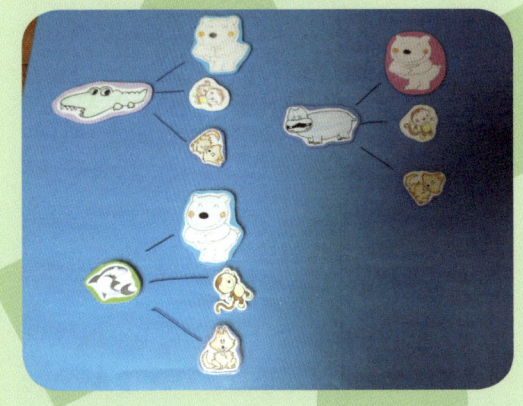

"그래 맞아, 잘 했어. 이 경우에는 1마리당 3마리의 짝이 될 수 있으니까 3X3=9가 되어서 9가지가 되야. 경우의 수에 대한 여러 가지 놀이를 하다 보면 중현이도 자연스럽게 규칙이 보일 거야."

"아, 그렇군요. 저번에 길을 찾는 방법도 그럼 숲길 하나에 세 갈림길, 그리고 연못 하나에 세 갈림길이니까 2X3=6이 되는 거겠네요. 맞죠?"

활동2 〈사는 곳에 대한 조건이 없을 때의 짝이 되는 경우의 수〉

"응. 그래 맞아 맞아. 그런데 조건을 달리하면 또 규칙도 달라진단다. 만약 사는 곳과 상관없이 짝을 정할 수 있다면 어떻게 될까?"

"음, 그럼 좀 복잡해질것 같은데…… 생각 좀 해 볼게요, 엄마. 그럼 동물 1마리당 짝을 할 수 있는 동물 수가 늘어나겠는 걸요. 사는 곳과 상관없으면 상어랑 악어도 하마의 짝이 될 수 있으니까요."

"그렇지? 같은 동물들이 여러 마리 있으니까 한 번 해 보자. 1마리당 5마리와 짝을 할 수 있으니까 3X5=15해서 15가지 경우 같지만 실제로 해 보면 다르단다."

"지금 15가지 경우라고 말하려고 했는데 아니에요, 엄마?"

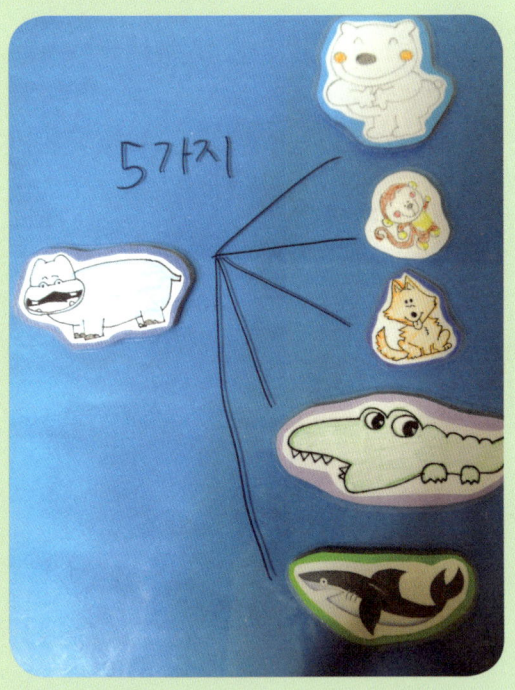

"일단 하마와 짝이 될 수 있는 동물들을 이

렇게 놓아 보자. 중현아. 사는 곳에 대한 조건이 없으니 하마는 곰, 원숭이, 개, 악어 그리고 상어와 모두 짝이 될 수 있어. 그럼 몇 가지의 경우가 올 수 있어?"

"5가지의 경우가 돼요 엄마."

"그렇지? 그 다음은 악어의 짝이 되는 동물이 누구인지 보자."

"그 다음 상어의 경우는 아까 짝이 되었던 하마와 악어를 또 제외해야겠지? 그래서 3가지 경우가 되는 거고. 이렇게 직접 동물들을 나열해 보니까 쉽게 알 수 있겠지?"

"예 엄마. 그래서 모두 12가지의 경우가 되는군요."

"악어는 곰, 원숭이, 개 그리고 하마, 상어와 짝을 할 수 있어요, 엄마."

"그런데 아까 하마랑 짝을 정할 때 악어가 한 번 짝이 됐었지? 그러니까 악어랑 하마가 짝이 되는 경우는 이번에서 빼 줘야 해. 그래서 조건을 달리하면 경우의 수도 이렇게 달라지는 거야."

"아, 그래서 이 경우는 4가지가 되는군요."

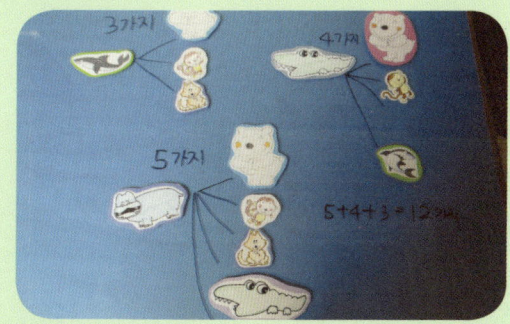

"응, 그래. 사는 곳을 정하는 조건이 없으면 동물들이 짝이 될 수 있는 경우의 수는 12가지야."

"더 많은 경우의 수를 알아가는 것 같아서 마음이 뿌듯한 걸요. 엄마. 다음은 또 어떤 경우의 수 놀이를 해 줄 건지 벌써 기대가 돼요."

수학놀이 3

굴러라 굴러 주사위야

놀이의 목표 ▶ 두 개의 주사위를 굴려 나온 수를 맞히면서 경우의 수를 알아간다.
놀이 준비물 ▶ 주사위 2개

"중현아. 주사위로 오늘 재미있는 놀이 할 건데 어떤 놀이일까?"

"글쎄요. 주사위로 한 재미있는 놀이들이 많았지만 오늘은 경우의 수에 대한 놀이를 하려는 거 아닐까요?"

"눈치 참 빠른걸. 딩동댕. 맞았어. 그 전에 주사위 두 개를 굴려서 나올 수 있는 경우의 수가 몇 가지나 되는지 알아보자."

"한 개의 주사위가 1이 나올 때 다른 주사위에서는 1, 2, 3, 4, 5, 6이 나올 수 있어요."

"그래. 그렇게 나올 수 있는 경우의 수를 적어 보면 이렇게 될 거야."

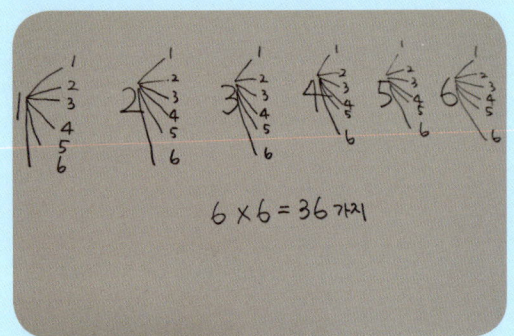

"맞아요. 하나의 숫자당 6가지 경우가 나오니까 6×6=36. 36가지의 경우의 수가 나와요."

"그렇지? 우리가 그 36가지의 경우의 수 중 굴려서 나온 주사위의 수를 보지 않고 맞히는 게임을 할 거야."

"보지 않고 어떻게 맞춰요, 엄마?"

"알맞은 힌트를 주면 맞힐 수 있지 않을까?"

"그럼 엄마 먼저 굴려서 해 보세요."

"중현이가 일단 뒤를 돌아서 엄마가 굴린 주사위가 안 보이게 해 줘."
"예, 엄마 그럴게요."

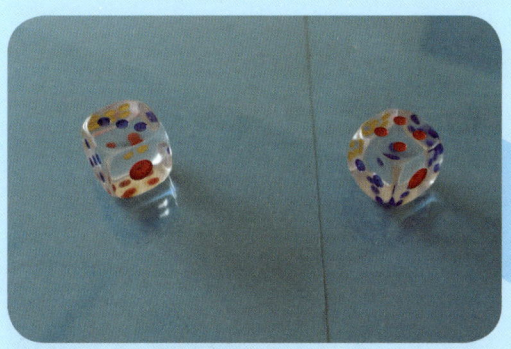

"자, 힌트 나간다. 음, 차이가 1이 되는 두 수야."
"차가 1이면 너무 많아요. 2하고 3이요."
"땡, 그럼 아주 쉬운 힌트를 줄게. 더해서 7, 곱해서 12가 되는 수지."
"아, 그럼 알겠어요. 3이랑 4죠? 더해서 7, 빼면 1, 그리고 곱하면 12."
"응, 맞았어. 이번엔 중현이 차례다."

"엄마 뒤돌아 계세요. 보면 안 돼요."
"그래, 이번엔 중현이가 힌트를 줄 차례야."

"이번엔 주사위 2개의 수가 같아요. 그중에서 짝수예요."
"같은 수에 짝수라면 2, 4, 6 중에 하나인데 4! 4지?"
"땡, 4의 $\frac{1}{2}$이에요."
"그럼 2구나. 2, 2."
"맞았어요. 잘하시는데요 엄마."
"중현이가 힌트를 잘 줘서 그래. 이번엔 또 엄마 차례."

"하나의 주사위에 있는 수가 다른 수의 4배입니다."
"4배라고요? 그럼 1, 4나 2, 8인데 8이라는 수는 주사위에 없으니까 1하고 4겠네요."
"와우 정답, 그렇게 금방 맞히다니 경우의 수를 정확하게 알고 있는걸."
"다음은 제 차례예요, 엄마."

"더해서 6이 되는 두 수예요."

"더해서 6이 되는 두 수라면 1과 5, 2와 4, 3과 3 중에 하나구나. 다음 힌트는 없어?"

"두 수를 빼면 4가 돼요. 아주 결정적 힌트죠, 엄마?"

"그래. 고맙다 중현아. 그럼 1, 5겠구나."

"맞혔어요. 엄마"

"이번엔 엄마가 힌트를 줄게. 한 수가 다른 수의 배수야."

"배수라고 하면 2, 4와 3, 6 중 하나겠네요. 그 두 수를 곱하면 10을 넘나요?"

"오호 아주 고난위도의 질문인데? 응 넘어."

"그럼 3과 6이겠네요. 2X4는 8로 10을 넘지 않지만 3X6은 18이니까요."

"정답이야. 정말 잘하는걸."

"이제 저의 마지막 주사위가 굴러갑니다. 엄마 뒤돌아 계세요."

"응, 자 주사위 수가 나왔어? 그럼 힌트를 좀 줘."

"엄마, 두 수가 같아요."

"같아? 그럼 굉장히 많은 경우의 수가 있는데? 1, 1. 2, 2. 3, 3. 4, 4. 5, 5 그리고 6, 6. 그럼 둘을 더했을 때 10보다 커?"

"10 이상이에요."

"10 이상도 아네, 중현이가? 그럼 10을 포

함한다는 말이지? 5, 5와 6, 6으로 줄어들었어. 마지막 힌트, 3의 배수야 아니야?"

"엄마도 그럼 다 알죠? 3의 배수예요."

"6, 6이구나. 맞지?"

"예, 엄마. 엄마랑 이렇게 힌트를 가지고 주사위 수 맞히기 놀이를 하니까 꼭 경우의 수 탐정이 된 것 같아요. 재미있어요. 내일 또 해요 엄마."

"그러자꾸나, 중현아."

수학놀이 4 — 어떻게 줄 서서 소풍을 갈까?

놀이의 목표 ▶ 줄 서는 경우의 수를 알아본다
놀이 준비물 ▶ 동물 그림(없으면 다른 색의 스티커나 은물 등을 준비해도 됨)

활동1 〈서로 다른 세 동물의 줄 서기 방법〉

"중현아, 오늘은 동물들이 소풍을 가는 날이래. 하마, 악어, 곰이 같은 조인데 서로 맨 앞에 서서 가겠다고 싸운다는구나. 그래서 선생님이 공평하게 번갈아 가면서 줄 서는 법을 알아 오라고 하셨대. 중현이가 하마, 악어, 곰을 좀 도와줄래? 그럼 빨리 소풍을 갈 수 있을 것 같은데 말이야."

"예. 누구도 불만이 없게 공평하게 돌아가면서 앞, 중간, 뒤에 서서 가면 되겠네요."

"응, 그러면 될 것 같아. 그러려면 어떻게 해야 하지? 엄마가 줄 세우기 쉬우라고 여러 마리씩 준비했어. 중현이가 한 번 줄을 세워 봐."

"엄마, 먼저 하마가 맨 앞에 올 경우엔 뒤에 곰돌이, 악어 순서로 올 수 있고 악어, 곰돌이가 와도 돼요. 이번엔 악어를 한 번 맨 앞에 놔 볼까? 차근차근 해야겠구나. 아님 뒤죽박죽이 되겠는걸."

"중현아, 뭐라고 그렇게 혼잣말을 하면서 하니? 왜 헷갈려?"

"아니에요. 줄 세우는 방법대로 세우고 있는데 이 방법이 공평한지는 잘 모르겠어요."

"이 방법으로 하면 6가지 줄 서는 경우의 수가 나와요. 엄마. 그런데 서로 맨 앞에 서려고 싸운다면 10분씩 돌아가면서 맨 앞에 서는 방법을 써야 할 것 같아요."

"그럼 되겠구나. 좋은 방법이야 중현아. 맨 처음에 가위바위보를 해서 순서를 정한다

음 10분마다 한 칸씩 앞으로 오는 거지. 줄 서는 방법은 이렇게 6가지가 있었구나. 방법을 직접 해 보니 한눈에 보여서 헷갈리지 않고 좋다."

"그럼 엄마, 더 많은 동물이 있으면 어떡해요? 너무 많아서 동물을 하나하나 다 그릴 수도 없을 것 같은데 말이에요."

활동2 〈같은 동물 4마리 줄 세우는 경우의 수〉

"그럼 이번엔 곰돌이 4마리를 줄 세우기 해 볼까? 동화에 나오는 아기 염소들처럼 한 줄 서기 해 보는 거야. 이것도 하나하나 해 보면 돼. 엄마가 곰 앞에 번호를 붙이고 이렇게 번호를 적은 색종이를 색깔 별로 여러 장 준비했어. 그러니 이것으로 줄 세우는 경우의 수를 알아보자."

"예, 엄마. 색깔이 다르니까 더 잘 구별이 될 것 같아요. 우선 1번 곰이 맨 앞에 나오는 경우부터 생각해 볼게요. 제법 재미있어요."

"겹치는 거 없이 순서를 잘 정했다 중현아. 그럼 2번 곰이 맨 앞에 나오는 경우도 해 줘."

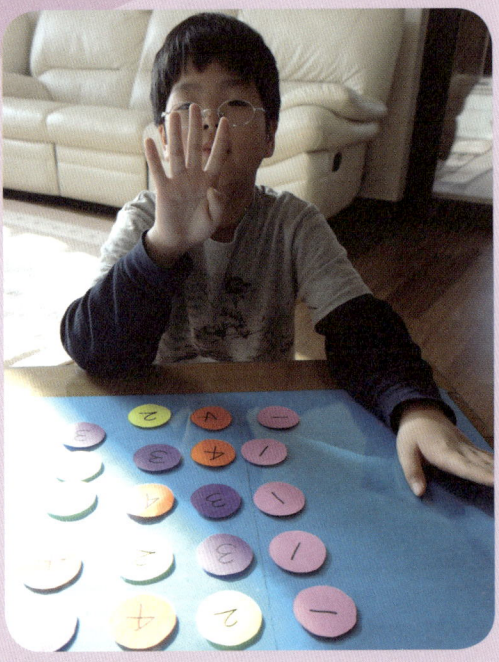

"엄마, 1번 곰이 맨 앞에 나오는 경우로 쭉 늘어놨어요. 이렇게 4번을 더 하면 돼요."

"엄마, 다 했어요. 이렇게 순서를 잘 정해서 하면 쉽게 할 수 있어요. 맞죠?"

"응, 아주 잘했어. 그럼 3번 곰이 제일 앞에 나오는 경우는 엄마가 할 테니까 중현이도 도와줘."

"엄마, 3번도 끝났으니까 이제 4번 곰이 맨 앞에 나오는 경우만 남았어요."

"다했다. 그렇지? 이렇게 맨 앞에 나오는 곰돌이 번호 하나당 6가지의 경우가 있으니까 모두 4X6=24, 그러니까 24가지 경우의 수가 있는 거구나. 줄 세우는 방법 정하다가 소풍 갈 시간 다 끝나겠다."

"그래도 동화 속에서 아기 염소들은 무사히 탈출했잖아요."

"그렇네. 우리도 곰돌이 탈출시켜 볼까?"

수학놀이 5 — 어떻게 짝지어 줄까?

놀이의 목표 ▶ 같은 수로 나눌 수 있는 경우의 수를 이해할 수 있다.
놀이 준비물 ▶ 바둑돌과 속이 보이는 작은 컵

"중현아, 이게 뭔지 알아?"
"이건 바둑돌과 컵이에요. 이걸로 무슨 놀이를 하려고요, 엄마?"

"응 오늘은 바둑돌을 컵 안에 가두는 짝짓기 놀이를 하려고 해."
"아, 우리가 손잡고 빙빙 돌다가 3명! 그러면 3명씩 짝짓는 그 놀이요?"
"잘 알고 있구나. 동화에 보면 오리가 집을 지을 때 방을 몇 개 만들어야 하나 고민하잖아. 그것처럼 이 컵이 방이 되는 거고 그 안에 들어갈 오리가 바둑돌이 되는 거야. 그렇게 생각하면 쉽게 놀이를 할 수 있을 거야."

"엄마, 바둑돌이 6개인데 그럼 오리가 6마리가 되는 거네요."
"그렇지. 오리 6마리가 한방을 쓰려면 방은 하나만 필요하겠지."
"그럼 이렇게 컵 하나에 6개의 바둑돌을 넣어 주면 되는 거죠? 6개가 하나."

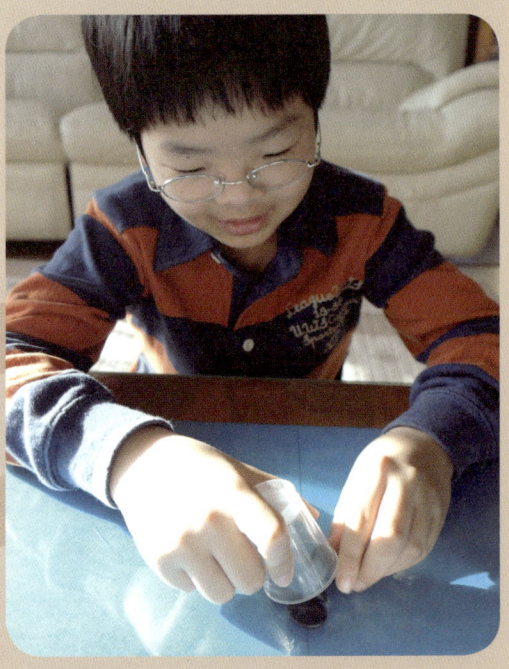

"다음은 6을 몇 개씩 나눌 수 있을까? 중현이가 생각해 보고 바둑돌을 나눠 줘 봐."

"음, 6개를 둘로 나누면 3개, 3개가 돼요. 오리 6마리가 방 2개에서 3명씩 자는 것과 같아요. 그렇죠 엄마?"

"음, 잘했어. 다음은 6개를 2개씩 나눠 줄 수도 있겠네. 그럼 컵이 3개가 필요하겠다."

"이렇게 2개씩 짝을 지어 컵에 넣어 주면 2개씩 3개니까 6."

"잘하고 있어. 더 나눌 방법이 있을까?"
"바둑돌 2개를 하나씩 나누면 되니까 이번엔 컵이 6개 필요하겠는데요, 엄마."

"그렇겠네. 1곱하기 6은 6이니까 말이야."

"6개의 바둑돌을 나누는 경우의 수도 이렇게 많구나. 그래서 오리들이 집을 지을 때 방의 수를 몇 개 만들어야 하나 고민했나 보다. 6개인 바둑돌을 같은 수로 나눌 수 있는 방법은 6개가 든 컵 하나, 2개씩 든 컵 3개, 3개씩 든 컵이 2개, 그리고 1개씩 든 컵이 6개. 그래서 총 4가지의 경우의 수가 있네. 그렇지?"

"엄마, 재미있어요. 이번엔 바둑돌 12개로 해 볼까요?"

"그럴까? 이번엔 바둑돌 12개를 어떤 방법으로 나눌지 기대되는걸."

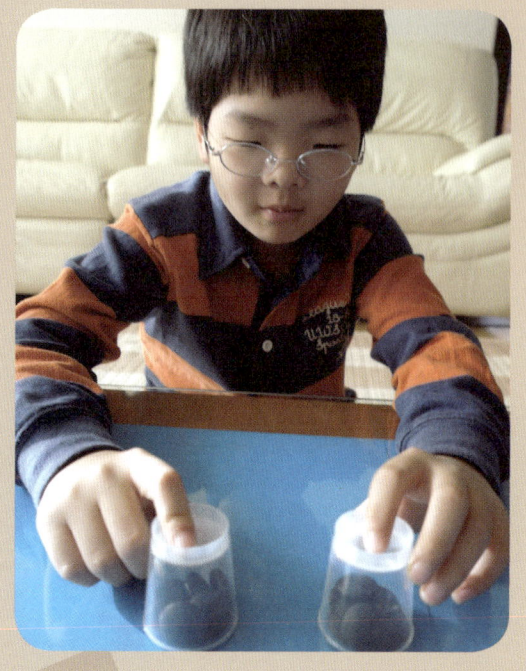

"우선 이렇게 12개를 하나의 컵에 담을 수 있어요. 컵이 작아서 간신히 들어가는 걸요."

"그러게. 12개가 하나니까 12곱하기 1이라고도 해 줄 수 있겠다. 오리 12마리가 방 하나에 모두 같이 살려면 방을 아주 크게 만들어야겠는걸."

"다음엔 이렇게 6개씩 둘로 나눠요."

"셋으로 나누려면 컵 하나에는 바둑돌이 몇 개씩 들어갔어? 중현아?"

"셋을 나누면 4개씩 들어가요. 4 곱하기 3은 12니까요."

"그렇지 잘했어. 또 더 나눌 수 있을까?"

"이번엔 3개씩 넣어 볼게요. 그럼 4개의 컵에 3개씩 넣을 수 있어요."

"그래. 12개를 나눌 수 있는 방법이 참 여러 가지구나. 이번엔 엄마가 2개씩 나눠 줄까?"

"저도 도울게요. 이렇게 바둑돌이 2개씩 들어 있는 컵이 6개니까 12개 맞아요."

"마지막은 이렇게 바둑돌을 하나씩 컵 12개에 담아 주면 되겠다. 1개씩 12는 12니까 말이야."

"엄마 12개의 바둑돌을 똑같은 수로 나눌 수 있는 방법이 참 많네요. 바둑돌 12개가 든 컵이 하나, 6개씩 든 컵이 2개, 3개씩 든 컵이 4개, 4개씩 든 컵이 3개, 그리고 2개씩 든 컵이 6개, 마지막으로 1개씩 든 컵이 12개. 다해서 6가지의 경우의 수가 있어요."

"그럼 이제 경우의 수 수첩을 만들어서 누가 더 많은 경우의 수 찾기 하나 엄마랑 시합할까?"

"좋죠, 엄마. 저를 이길 순 없을 거예요."

수학놀이 6

특명! 암호를 풀어라

놀이의 목표 ▶ 여러 가지 경우의 수 중 조건에 맞는 경우의 수를 찾을 수 있다.
놀이 준비물 ▶ 힌트가 적힌 종이, 연필, 공책 등.

"중현아, 엄마가 특명을 하나 내리려고 하는데 어때? 서재와 중현이 방 그리고 거실에 있는 암호를 다 풀면 보물 상자가 열리면서 그 안에 중현이가 좋아하는 선물이 들어 있는데 한번 도전해 볼래?"

"진짜요? 그럼 도전해 볼래요! 정말 제가 좋아하는 선물이 가득 든 상자가 있어요? 그 상자가 그럼 암호로 잠겨 있는 거네요. 지금은요?"

"그렇지. 그런데 암호 푸는 것이 그렇게 만만하지 않을 거야. 우선 첫 번째 암호가 있는 서재로 가자. 출발!"

"서재, 중현이방, 거실에 이렇게 힌트지가 있을 거야. 경우의 수로 풀 수 있는 암호야. 먼저 두 가지의 공통 힌트가 있는데 숫자 4개로 만들어진 암호이고, 1부터 6까지 한 번씩 사용해서 만들어진 암호야. 그럼 이제 중현이가 이 힌트가 적힌 종이를 하나씩 읽으면서 암호를 풀어 봐."

"세 번째 힌트는 세 번째 숫자가 첫 번째 숫자의 2배, 네 번째 숫자가 두 번째 숫자의 2배인 수라고요."

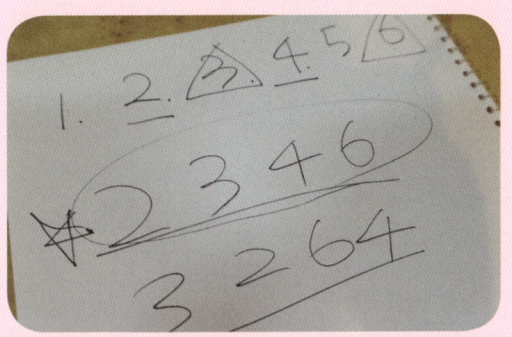

"그럼 1, 2, 3, 4, 5, 6 중에서 배수인 수부터 찾아봐야겠네요. 엄마. 2하고 4, 3하고 6이 있으니까 2, 3, 4, 6 이렇게 만들어진 암호겠네요."

"오호, 중현이가 생각보다 더 잘하는데?"

"2, 3, 4, 6이거나 3, 2, 6, 4 이 둘 중에 답이 있을 것 같아요. 마지막 힌트를 볼게요."

"네 개의 숫자가 서로 다른 숫자이고 작은 수부터 차례로 나온다.'라고 했으니까 아하! 알았어요. 2346이 첫 번째 암호예요. 맞죠?"

"중현이가 아주 간단하게 암호를 풀었네. 여기에 입력해 줘. 첫 번째 암호 입력 성공! 다음은 두 번째 암호가 있는 중현이 방이야."

"공통 힌트는 같고 앞의 두 수의 합과 뒤의 두 수의 합이 같은 수를 먼저 찾아야겠네요. 1과 6, 2와 5, 3과 4 두 수들의 합이 7로 같으니까 이 중에 하나겠네요."

"뒤의 두 수의 곱이 앞이 두 수의 곱에 2배가 된다는 다음 힌트가 있어."

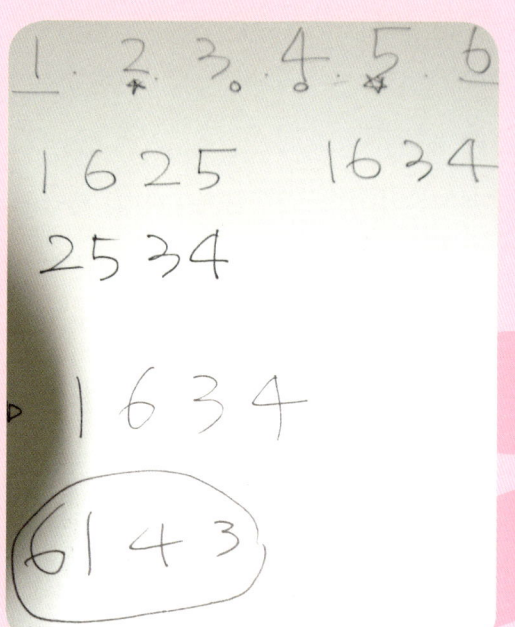

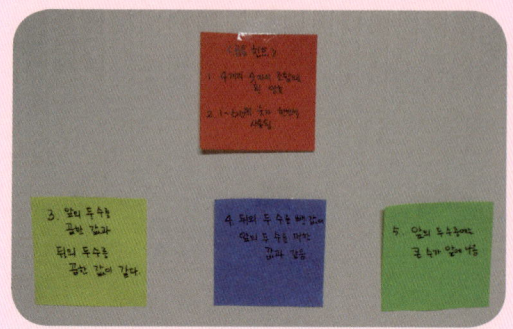

"앞의 두 수를 곱한 값과 뒤의 두 수를 곱한 값이 같다는 힌트가 있어요. 2곱하기 3은 6이고 1곱하기 6도 6이니까 2, 3, 1, 6으로 만들어진 암호예요."

"잘했어 중현아. 2, 3, 1, 6으로 만들 수 있는 암호가 많지? 일단 다 적어 봐, 중현아."

"2, 3, 1, 6. 2, 3, 6, 1. 3, 2, 1, 6. 3, 2, 6, 1. 6, 1, 2, 3. 6, 1, 3, 2. 1, 6, 2, 3. 1, 6, 3, 2. 이렇게 적을 수 있겠어요. 엄마. 다음 힌트를 볼게요."

"아, 그래요? 그럼 1곱하기 6은 6이고, 3곱하기 4는 12니까 1, 6, 3, 4나 6, 1, 4, 3 중 하나겠어요. 엄마."

"중현아 너 탐정 같아. 정말 멋진걸."

"이게 그동안 경우의 수 놀이를 많이 해서 그런 거예요. 마지막 힌트는 앞과 뒤의 두 수 중에 큰 수가 먼저 나온다니까 그럼 6, 1, 4, 3이네요 엄마. 두 번째 암호도 풀었어요."

"이제 거실에 있는 마지막 암호만 풀면 상자가 열리겠다. 엄마가 더 떨리는 거 있지?"

"다음 힌트는 뒤의 두 수를 뺀 값이 앞의 두 수를 더한 값과 같다는 거야. 그럼 앞에 2, 3이나 3, 2가 오고 뒤에 6, 1이 와야겠다. 1에서 6을 뺄 수는 없으니까 말이야."

"그럼 2, 3, 6, 1이나 3, 2, 6, 1 중 하나겠네요 엄마. 힌트를 볼 때마다 경우의 수가 점점 줄어들어요. 마지막 힌트는 앞의 두 수 중에는 큰 수가 앞에 나온대요. 그럼 당연히 3, 2, 6, 1이에요."

"첫 번째 암호는 2346, 두 번째 암호는 6143, 세 번째 암호는 3261. 자 다 입력했으니 어디 상자가 열리나 볼까?"

"엄마, 열렸어요. 진짜 제가 좋아하고 구하기도 힘든 카드가 잔뜩 들었어요. 어려운 암호를 푼 보람이 있는걸요."

"그렇지? 중현이가 좋아하는 모습을 보니까 엄마도 좋다. 중현이를 경우의 수 달인이라 해 줄게. 정말 잘했어."

메모

메모

메 모